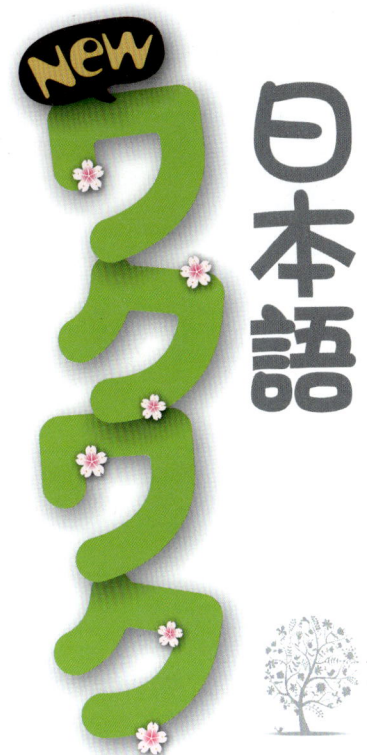

New ワクワク 日本語

NEW 와꾸와꾸 일본어 初級 1

초판 1쇄 발행 2012년 3월 26일
초판 2쇄 인쇄 2018년 12월 17일

지은이 원미령·고이데 아야(小出亜弥)
발행인 김용부
발행처 글로벌콘텐츠리퍼블릭

출판등록 2012년 1월 17일 제300-012-16호
주소 서울시 종로구 삼일대로15길 19 글로벌빌딩
전화 02)725-8282
팩스 02)753-6969

ISBN 978-89-8233-223-4 14730
        978-89-8233-221-0 14730 (set)

global21.co.kr

New

日本語
와꾸와꾸 일/본/어

원미령 · 고이데 아야 공저

初級 1

The One 더원

この本をお使いになる方へ

　本書は、学習者が入門段階から無理なく日本語の会話を身に付けられることを目標に執筆された『ワクワク日本語21初級』の改訂版である。

　改訂版とは言っても基本的な特徴は変わっていない。まずは新しい文型を導入するにあたって、その文型が使われる場面や状況を学習者が容易に理解できるよう、前面カラーのイラストをふんだんに用いた。ぜひイラストを十分吟味しながら学習してほしい。

　また、文法および文型においては、与えられた課題を遂行する中で、文法および文型を自然に習得し、教室で学んだことを実際の場面で活用できるよう配慮した。練習の際に実際に自分が現実の状況にいることを想像しながら課題をこなせば、学習効果は倍増するだろう。

　そして、限られた語彙の範囲内ではあるが、日本文化および事情について紹介することにより、学習者が学習意欲を維持できるよう努力した。

　改訂前との違いは、1課から3課に発音練習が入った点、1つの課で学ぶ文法項目が少なくなったと同時に、新しく学ぶ文法項目には簡単な説明が入り、全体的に易しくなった点、そして、別冊だった聴解問題が各課の最後に入った点である。なお、語彙に関しては、日本語関連の試験に必要な語彙をおさえてあるので、会話を学ぶと同時に試験に備えることもできる。

初級1の構成

本書は、初級1(unit1〜unit10)の10ユニットで構成され、各ユニットは次のような構成になっている。

- **Lesson Plan:** そのユニットで学習者が達成すべきコミュニケーション能力を提示した。
- **Activity:** そのユニットの学習目標を達成するために必要な文型を練習する。
- **Check Point:** 新しく学ぶ文法事項を、例文を通して身に付ける。
- **Let's Try:** Activityで学んだ文型が理解できたかどうか確認する。
- **Conversation:** Activityで学習した文型が入った会話文で会話を練習する。
- **Pair Work:** Conversationの会話文の一部を入れ替えてペアで練習をする。
- **Excercise:** そのユニットで学習した文型を再確認する。
- **Listening:** そのユニットで学習した内容が入った聴解問題を解く。
- **Reading:** 日本の文化や事情についての読み物を読み、内容を把握する。

この本で扱う内容

UNIT	学習目標	文法 & 表現	
1	・二つの文をつなぐ：（並立・添加） ・二つの文をつなぐ：（理由・原因） ・年を数える	・名詞＋で　・な形容詞の語幹＋で ・い形容詞の語幹＋くて ・い形容詞の基本形＋名詞 ・～歳（～つ）　・～ですが、～　・～も	
2	・一日の生活を話す ・週末の計画を話す	・動詞の分類　・動詞の「ます形」 ・～ます（ません） ・～を　・～へ ・場所＋で　・場所＋に ・～と（～と一緒に）	
3	・目的を話す ・人を誘う ・誘いを受ける・断る ・所要時間・手段について話す	・～に行く（来る・入る・戻る・帰る） ・例外の1グループ動詞　・～くらい（ぐらい） ・どのくらい　・手段／材料：「で」 ・「ます形」の活用　・～ませんか（ましょうか） ・動詞の基本形＋名詞	
4	・好みについて話す ・趣味について話す ・能力について話す	・～が好きだ／嫌いだ ・どうですか（いかがですか） ・「こ・そ・あ・ど」言葉（2） ・～が上手だ／下手だ／得意だ／苦手だ　・まあまあ ・全然＋否定　・～に乗る（乗り換える） ・～を降りる　・～から来る（行く） ・～に会う　・～と会う	
5	・昔の状態について話す ・過去の出来事について話す	・名詞の過去表現　・な形容詞の過去表現 ・い形容詞の過去表現　・動詞の過去表現 ・～だった（ではなかった） ・～かった（くなかった） ・～ました（ませんでした）　・～泊～日　・～中	
6	・接続語：それから・それで・でも・それとも ・動詞の「て形」で二つの文をつなぐ	・A それから、B　・A それで、B ・A でも、B　・A それとも、B ・動詞の「て形」　・～てから	
7	・依頼する ・手伝う ・道案内をする	・～にします ・～てください ・～ましょうか ・～てくださいますか（くださいませんか） ・～目	
8	・自動詞と他動詞を学ぶ ・進行や状態を説明する ・外見について説明する ・比較して話す	・～が＋自動詞＋ている ・～を＋他動詞＋ている ・～と～とどちら(の方(ほう))が～ ・～（の中）で～が一番～ ・～と～と～の中で、～が一番～	
9	・移動時の様態を話す ・期間や期限を話す ・準備しておいた事柄について話す	・～ていく　・～てくる　・動詞の基本形＋とき ・必ず　・「まで」／「までに」 ・～ですよ（ますよ）　・～しか・・・ない ・～ておく　・いよいよ　・～だけ	
10	・自分や第三者の希望を話す ・同時進行する動作を話す	・～が欲しい　・～を欲しがっている ・～を（が）＋動詞の「ます形」＋たい ・～を＋動詞の「ます形」＋たがっている ・動詞の「ます形」＋ながら	

Activity	Pair Work	Reading
1. 二つの文をつないでみましょう 2. い形容詞を使って、二つの文をつないでみましょう 3. おいくつですか	・理想のタイプについて話す	
1. 次の言葉を分けてみましょう 2. 次は鈴木さんの一日です 3. 今度の週末は何をしますか	・一日の生活について話す	
1. 目的を言ってみましょう 2. どのくらい掛かりますか 3. 友だちを誘ってみましょう	・友だちを誘う	
1. 次の中から、好きなものには○、嫌いなものには×を付けてみましょう 2. 能力を評価してみましょう 3. 助詞の使い方	・能力について話す	
1. 10年前はどうでしたか 2. 過去の出来事について話してみましょう 3. 鈴木さんはきのう何をしましたか	・過去の出来事について話す	
1. 二つの文をつないでみましょう 2. 「て形」を使って、文をつないでみましょう 3. 「て形」を使って、文をつないでみましょう	・週末の出来事について話す	
1. 注文をしてみましょう 2. 困っている人を手伝いましょう 3. 道案内をしてみましょう	・道案内をする	
1. 自動詞と他動詞を覚えましょう 2. ここは動物園です 3. 比べてみましょう	・服装について説明する	
1. 何をしていきますか 2. 何を買ってきましたか 3. どんな準備をしましたか	・パーティーの準備をする	
1. 欲しいものを言ってみましょう 2. 何をしたいですか 3. 休暇の過ごし方について話してみましょう	・希望について話す ・週末の約束をする	日本のラーメン

この本の構成と使い方

• Lesson Plan
このユニットで学ぶ学習目標を提示しています。

• Check Point
例文を通して新しい文法を身につけましょう。

• Activity
いろんな場面を、イラストを使って練習してみましょう。

• Vocabulary
新しく出た単語を身につけましょう。

• Let's Try
Activityで学んだ文型が理解できたかどうか確認しましょう。

• Conversation

Activityで学習した文型が入った会話
文で会話の練習をしてみましょう。

• Pair Work

学習した会話文の単語を入れ替え
てペアで練習してみましょう。

• Listening

学習した内容の入った聴解問題にトライ
してみましょう。

• Excercise

学習した文型を、問題を通し
て確認してみましょう。

• Reading

日本の文化に関する紹介文を読んでみましょう。

Unit 1

FIGHTING

Lesson Plan 🎧 01〜05

Activity ① 二つの文をつないでみましょう。

ふた　ぶん

🎧 01

①

こちらは橋本さんです。
はしもと

それから、小学校の先生です。
しょうがっこう　せんせい

➡ こちらは橋本さんで、小学校の先生です。

②

ここは田舎です。
いなか

それで、デパートはありません。

➡ ここは田舎で、デパートはありません。

③

彼はハンサムです。
かれ

それから、頭もいいです。
あたま

➡ 彼はハンサムで、頭もいいです。

④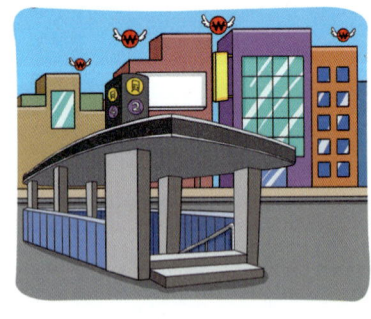

この辺は交通が便利です。
へん　こうつう　べんり

それで、家賃が高いです。
やちん　たか

➡ この辺は交通が便利で、家賃が高いです。

🔆 Vocabulary

小学校:＿＿＿＿＿＿
しょうがっこう

田舎:＿＿＿＿＿＿
いなか

それで:＿＿＿＿＿＿

ハンサムだ:＿＿＿＿＿＿

頭がいい:＿＿＿＿＿＿
あたま

この辺:＿＿＿＿＿＿
へん

家賃:＿＿＿＿＿＿
やちん

1 名詞 + で

① 山田さんは会社員で、木村さんは医者です。 [並立]
② 彼は留学生で、専攻は日本語教育です。 [添加]
③ 明日から試験で、授業はありません。 [理由]

2 な形容詞の語幹 + で

① この部屋はきれいで静かです。[添加]
② 彼は歌が上手で、人気者です。[理由]

3 ～も

① 私も大学生です。
② これも井上さんの本ですか。

Let's Try

● ( )の中に「それから」または「それで」を入れてください。

① 父は会社員です。( )、母は先生です。
② これは古い物です。( )、あまりよくありません。
③ ここは有名な所です。( )、人がたくさんいます。
④ ここは静かです。( )、広いですね。

Activity ② 二つの文をつないでみましょう。

🎧 02

彼は背が高いです。それから、体も丈夫です。

➡ 彼は背が高くて体も丈夫です。

ここは駅から近いです。

それで、とてもうるさいです。

➡ ここは駅から近くてとてもうるさいです。

ここは雰囲気がいいです。
それで、人気があります。

➡ ここは雰囲気がよくて人気があります。

✳ Vocabulary

背が高い:_____ 体:_____ 丈夫だ:_____

うるさい:_____ 雰囲気:_____ 人気がある:_____

1 い形容詞の語幹 + くて

① この店は安くておいしいです。[添加]

② 部屋は明るくて広いです。 [添加]

③ コンビニが近くて便利です。 [理由]

④ ここは景色がよくて、とても人気があります。 [理由]

2 い形容詞の活用 (2)

基本形	～名詞	～ない	～て	基本形	～名詞	～ない	～て
高い	たかい	たかくない	たかくて	かわいい			
安い				うるさい			
明るい				おいしい			
暗い				まずい			
黒い				*いい(よい)			

Let's Try

● ( )の中に「それから」または「それで」を入れてください。

① この辺はうるさいです。( )、よくありません。

② ここのラーメンは安いです。( )、おいしいです。

③ あのアパートは古いです。( )、家賃も高いです。

④ 彼女は明るいです。( )、かわいいです。

おいしい:＿＿＿＿＿＿＿＿＿ 明るい:＿＿＿＿＿＿＿＿＿ 景色:＿＿＿＿＿＿＿＿＿

古い:＿＿＿＿＿＿＿＿＿ 家賃:＿＿＿＿＿＿＿＿＿ かわいい:＿＿＿＿＿＿＿＿＿

Activity ③ おいくつですか。

🎧 03

A: 父（ちち）は公務員（こうむいん）で、口数（くちかず）は少（すく）ないですが、
とても優（やさ）しいです。

B: お父（とう）さんはおいくつですか。

A: 今年（ことし）50歳（さい）です。

🔆 Vocabulary

公務員（こうむいん）:_____　　口数（くちかず）が少（すく）ない:_____　　優（やさ）しい:_____

① おいくつですか (= 何歳(なんさい)ですか)

1	いっさい / ひとつ	8	はっさい / やっつ
2	にさい / ふたつ	9	きゅうさい / ここのつ
3	さんさい / みっつ	10	じゅっさい / とお
4	よんさい / よっつ	11	じゅういっさい
5	ごさい / いつつ	20	はたち
6	ろくさい / むっつ	21	にじゅういっさい
7	ななさい / ななつ	?	何歳(なんさい) / いくつ

② ～ですが、～

① 日本語(にほんご)は難(むずか)しいですが、おもしろいです。
② 彼女(かのじょ)は背(せ)は低(ひく)いですが、足(あし)はとても速(はや)いです。

③ 「て形(けい)」のまとめ

品詞(ひんし)	名詞	い形容詞	な形容詞
	名詞 + で	語幹 + くて	語幹 +で
て形(けい)	学生(がくせい) →	高(たか)い →	素敵(すてき)だ →
	子供(こども) →	明(あか)るい →	上手(じょうず)だ →
	部屋(へや) →	おいしい →	下手(へた)だ →
	車(くるま) →	いい →	きれいだ →

Let's Try

● 「て形(けい)」を使(つか)って、次(つぎ)の文(ぶん)を完成(かんせい)してください。

① ここは(静(しず)かだ → ____)、いいですね。
② 私(わたし)は今年(ことし)(20歳(はたち)だ → ____)、銀行員(ぎんこういん)です。
③ この店(みせ)はカレーが(おいしい → ____)、人気(にんき)があります。
④ 彼女(かのじょ)は頭(あたま)が(いい → ____)、顔(かお)もきれいです。

Conversation

🎧04

A: 中川さんの理想のタイプはどんな人ですか。

B: そうですね。①明るくて②やさしい人です。

A: 失礼ですが、中川さんは今、おいくつですか。

B: 今年③25歳です。

A: 相手は年上がいいですか、それとも年下がいいですか。

B: ④年上がいいですね。

🟠 **Vocabulary**

理想: _____	タイプ: _____	失礼: _____	今年: _____
相手: _____	年上: _____	年下: _____	

① 入れ替えて練習してみましょう。

(1) ① きれいだ ② 頭がいい ③ 32 ④ 同い年が

(2) ① ハンサムだ ② 静かだ ③ 29 ④ 年下が

(3) ① かわいい ② 歌が上手だ ③ 40 ④ どちらでも

② 友達と話してみましょう。

A: ＿＿＿＿＿＿さんの理想のタイプはどんな人ですか。

B: そうですね。＿＿＿＿＿＿＿＿＿人です。

A: 失礼ですが、＿＿＿＿＿＿さんは今、おいくつですか。

B: 今年＿＿＿＿＿歳です。

A: 相手は年上がいいですか、それとも年下がいいですか。

B: ＿＿＿＿＿＿＿＿＿＿＿＿＿＿＿。

☀ Vocabulary

同い年:＿＿＿＿＿＿＿＿＿＿　どちらでも:＿＿＿＿＿＿＿＿＿

1 例のように、つないで言ってみましょう。

> 例
> ・小林さんは32歳です。弟が1人います。
>   ➡ 小林さんは32歳で、弟が1人います。
> ・あの歌手は歌が下手です。人気があります。
>   ➡ あの歌手は歌が下手ですが、人気があります。

① 夫はハンサムです。背が低いです。

➡ _____

② 息子は医者です。娘は銀行員です。

➡ _____

③ この店の料理は安いです。おいしいです。

➡ _____

④ 今井さんの家はとても広いです。きれいじゃありません。

➡ _____

 2 例のように言ってみましょう。

> 例
> (お父さん / 55歳)
> A: お父さんはおいくつですか。
> B: 父は今年、55歳です。

① 娘さん / 20歳　　② 弟さん / 17歳　　③ 息子さん / 5歳

④ 奥さん / 41歳　　⑤ お姉さん / 36歳

☀ Vocabulary

奥さん:_____　　妻:_____

 例

 a. 79歳　 b. 79歳　 c. 97歳

1) a. 山口さんの家の近くは便利だ。
b. 山口さんの家の近くには何もなくて不便だ。
c. 長崎の家の近くにはコンビニがある。
d. 長崎さんの家は駅が近くて便利だ。

2) a. 　b. 　c.

3) a. 　b. 　c.

4) a. 　b. 　c.

例	1	2	3	4
b				

Vocabulary

ご両親:_____

Unit 2

Lesson Plan 🎧06〜10

- 一日の生活を話す
- 週末の計画を話す

Activity ① 次の言葉を分けてみましょう。

🎧06

おおきい
きたない
あそぶ
くる
だいじょうぶだ
すきだ
とおい
のむ
きれいだ
おきる

① い形容詞 : _____

② な形容詞 : _____

③ 動詞　　 : _____

✦ Vocabulary

来る:_____	汚い:_____	遠い:_____
起きる:_____	大丈夫だ:_____	飲む:_____
好きだ:_____	遊ぶ:_____	

① 1グループ動詞

「る」で終わらないもの	意味	「る」で終わるもの	意味
会(あ)う		売(う)る	
行(い)く		作(つく)る	
泳(およ)ぐ		止(と)まる	
話(はな)す		取(と)る	
待(ま)つ		なる	
遊(あそ)ぶ		乗(の)る	
飲(の)む		分(わ)かる	
例外的(れいがいてき)な1グループ動詞			
要(い)る		知(し)る	
帰(かえ)る		入(はい)る	
切(き)る		走(はし)る	

② 2グループ動詞

「i」+る	意味	「e」+る	意味
いる		開(あ)ける	
起(お)きる		入(い)れる	
降(お)りる		教(おし)える	
着(き)る		食(た)べる	
できる		出(で)る	
見(み)る		寝(ね)る	

③ 3グループ動詞 : 来る・する

	意味		意味
来(く)る		する	
行(い)ってくる		勉強(べんきょう)する	
持(も)ってくる		散歩(さんぽ)する	

Activity 2

次は鈴木さんの一日です。

起きる

顔を洗う

牛乳を飲む

学校へ行く

食堂で昼ご飯を食べる

勉強する

家へ帰る

テレビを見る

寝る

A: 鈴木さんは、昼ご飯をどこで食べますか。
B: 学校の食堂で食べます。

 Vocabulary

洗う:	食堂:	昼ご飯:

1 動詞のます形

基本形	語幹	語尾	ます形	基本形	語幹	語尾	ます形
1グループ				2グループ			
会(あ)う	あ	い	会います	いる	い	る	います
行(い)く	い	き	行きます	起(お)きる	おき	る	起きます
泳(およ)ぐ	およ	ぎ	泳ぎます	借(か)りる	かり	る	借ります
話(はな)す	はな	し	話します	見(み)る	み	る	見ます
待(ま)つ	ま	ち	待ちます	開(あ)ける	あけ	る	開けます
死(し)ぬ	し	に	死にます	教(おし)える	おしえ	る	教えます
遊(あそ)ぶ	あそ	び	遊びます	食(た)べる	たべ	る	食べます
飲(の)む	の	み	飲みます	寝(ね)る	ね	る	寝ます
ある	あ	り	あります	3グループ			
*入(はい)る	はい	り	入ります	来(く)る	く	る	来(き)ます
*帰(かえ)る	かえ	り	帰ります	する	す	る	します

2 〜を

① コーヒーを飲みます。
② 掃除をします。

3 〜へ：方向

① どこへ行きますか。
② これから会社へ戻ります。

4 場所＋で

① 映画館で映画を見ます。
② 図書館で小説を読みます。

Activity ③ 今度の週末は何をしますか。

家に来る

運動をする

ドライブをする

山登りをする

新宿へ行く

映画を見る

A: 今度の週末は何をしますか。

B: 友達が家に来ます。

A: そうですか。友達と何をしますか。

B: ドライブをします。

✦ Vocabulary

運動:＿＿＿＿＿＿＿＿＿＿＿　　山登り:＿＿＿＿＿＿＿＿＿　　今度:＿＿＿＿＿＿＿＿＿＿

週末:＿＿＿＿＿＿＿＿＿＿＿　　家:＿＿＿＿＿＿＿＿＿＿＿

1 丁寧な言い方：現在

肯定	〜ます	〜ますか
否定	〜ません	〜ませんか

2 〜と (=〜と一緒に)

① 毎日犬と散歩をしますか。
② 母と一緒に買い物をします。

3 場所 + に：目的地

① 来週、大阪に行きます。
② 誰と銀座に行きますか。

Let's Try

● 例のようにどこで何をするか言ってみましょう。

> 例
> (寝る)
> → ベッドで寝ます。

①

食べる

➡ _____

_____

② 教える

➡ _____

_____

③

借りる

➡ _____

_____

A: いつも<ruby>何時<rt>なんじ</rt></ruby>に<ruby>寝<rt>ね</rt></ruby>ますか。

B: たいてい①1時<ruby>頃<rt>ごろ</rt></ruby>寝ます。

A: <ruby>遅<rt>おそ</rt></ruby>いですね。①1時まで何をしますか。

B: ②<ruby>英語<rt>えいご</rt></ruby>を<ruby>勉強<rt>べんきょう</rt></ruby>します。

A: <ruby>1日<rt>いちにち</rt></ruby>に<ruby>何時間<rt>なんじかん</rt></ruby>ぐらい③勉強しますか。

B: そうですね。<ruby>毎日<rt>まいにち</rt></ruby>④3時間ぐらい勉強します。

✚ Vocabulary

たいてい:＿＿＿＿＿＿　　<ruby>頃<rt>ごろ</rt></ruby>:＿＿＿＿＿＿＿　　<ruby>遅<rt>おそ</rt></ruby>い:＿＿＿＿＿＿＿　　<ruby>毎日<rt>まいにち</rt></ruby>:＿＿＿＿＿＿＿

1 入れ替えて練習してみましょう。

(1) ① 12時　　　　　　　② 弟に数学を教える
　　③ 教える　　　　　　④ 2時間ぐらい教える

(2) ① 3時　　　　　　　② 日本のドラマを見る
　　③ 見る　　　　　　　④ 4時間ぐらい見る

(3) ① 2時　　　　　　　② コンビニでアルバイトする
　　③ アルバイトする　　④ 10時間ぐらいする

2 友達と話してみましょう。

A: いつも何時に寝ますか。

B: たいてい＿＿＿＿＿時頃寝ます。

A: ＿＿＿＿＿時まで何をしますか。

B: ＿＿＿＿＿＿＿＿＿＿＿＿＿＿＿＿＿。

✦Vocabulary

数学:＿＿＿＿＿＿＿＿＿　　ドラマ:＿＿＿＿＿＿＿＿＿

Exercise

1 例のように言ってみましょう。

> (友達とドライブをする)
>
> A: 今度の週末は何をしますか。
>
> B: 友達とドライブをします。

① 妹と一緒に映画を見る

② 兄と図書館で勉強する

③ 彼と遊園地に行く

④ 友達の家で遊ぶ

2 あなたの一日を「ます形」で書いてみましょう。

> 例 6時に起きます。

_____

_____

_____

_____

_____

_____

_____

Vocabulary

遊園地:_____

① よく聞いて、例のように記号を書きましょう。

 例

a. 　　b. 　　c.

1) a. 　　b. 　　c.

2) a. 　　b. 　　c.

例	1	2
a		

② よく聞いて、正しい文には○、間違っている文には×を書きましょう。

1) 8時半に学校へ行きます。　　　　　　　（　　）

2) 9時から4時まで図書館で勉強します。　（　　）

3) 5時から9時までアルバイトをします。　（　　）

4) 10時に家へ帰ります。　　　　　　　　（　　）

5) 11時から12時まで新聞を見ます。　　　（　　）

⊕ Vocabulary

連休：＿＿＿＿＿＿＿＿＿　　ハワイ：＿＿＿＿＿＿＿＿＿　　新聞：＿＿＿＿＿＿＿＿＿

Unit 3

FIGHTING

Lesson Plan 🎧 11〜15

- 目的_{もくてき}を話_{はな}す
- 人_{ひと}を誘_{さそ}う
- 誘_{さそ}いを受_うける・断_{ことわ}る
- 所要時間_{しょようじかん}・手段_{しゅだん}について話_{はな}す

Activity ① 目的(もくてき)を言(い)ってみましょう。

🎧11

図書館(としょかん) / 本(ほん)を借(か)りる / 行(い)く

日本 / 日本語(にほんご)を習(なら)う / 来(く)る

コンビニ / 新聞(しんぶん)を買(か)う / 入(はい)る

会社(かいしゃ) / 書類(しょるい)を取(と)る / 戻(もど)る

A: どうして図書館(としょかん)へ行(い)きますか。
B: 本(ほん)を借(か)りに行(い)きます。

✿Vocabulary

借(か)りる:＿＿＿＿＿＿ 習(なら)う:＿＿＿＿＿＿ 買(か)う:＿＿＿＿＿＿ 入(はい)る:＿＿＿＿＿＿

書類(しょるい):＿＿＿＿＿＿ 取(と)る:＿＿＿＿＿＿ 戻(もど)る:＿＿＿＿＿＿ どうして:＿＿＿＿＿＿

❶ます形・名詞 + に + [行く・来る・入る・戻る・帰る] : [目的]

① スーパーへ果物を買いに行きます。

② お茶を飲みに、喫茶店へ入ります。

③ 日本へ留学に来ます。

❷例外的な1グループ動詞のます形

基本形	語幹	ます形	意味
要(い)る	い	要ります	
帰(かえ)る	かえ	帰ります	
切(き)る	き	切ります	
蹴(け)る	け	蹴ります	
知(し)る	し	知ります	
入(はい)る	はい	入ります	
走(はし)る	はし	走ります	
ひねる	ひね	ひねります	

Activity 2 どのくらい掛かりますか。

12

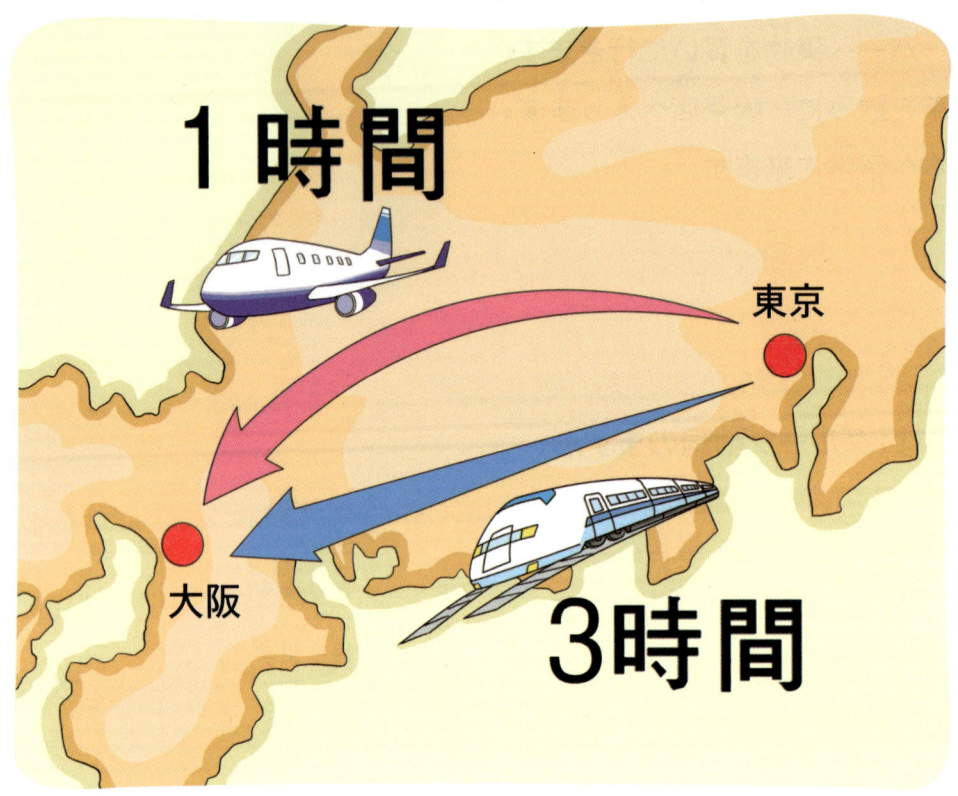

A: 東京から大阪までどのくらい掛かりますか。

B: 飛行機で1時間くらい掛かります。

A: 新幹線ではどのくらいですか。

B: そうですね。3時間くらいです。

✦ Vocabulary

掛かる:＿＿＿＿＿＿＿＿＿＿＿　飛行機:＿＿＿＿＿＿＿＿＿＿＿　新幹線:＿＿＿＿＿＿＿＿＿＿＿

1 どのくらい / 〜くらい (ぐらい)

① ソウルからプサンまでKTXでどのくらい掛かりますか。

② 駅から歩いて5分くらいです。

③ 船では、一週間くらい掛かりますね。

2 〜で : 手段・材料

① 日本料理は箸で食べます。

② 電車で10分のところです。

③ 名前は黒いボールペンで書きます。

④ このソースはトマトで作ります。

歩いて:＿＿＿＿＿＿＿　船:＿＿＿＿＿＿＿　箸:＿＿＿＿＿＿＿　電車:＿＿＿＿＿＿＿

ところ:＿＿＿＿＿＿＿　ソース:＿＿＿＿＿＿＿　作る:＿＿＿＿＿＿＿

 **Activity** ③ 友^{とも}だちを誘^{さそ}ってみましょう。

🎧13

> A: ミヨンさん、今度^{こんど}の土曜日^{どようび}、一緒^{いっしょ}にナイターを
> 見^みに行^いきませんか。
> B: ナイター? ナイターは何^{なん}ですか。
> A: ナイターは夜^{よる}やる野球^{やきゅう}の試合^{しあい}です。
> B: そうですか。いいですね。行^いきましょう。

ナイターを見に行く

映画^{えいが}を見に行く

一杯^{いっぱい}やる

ピザを食^たべる

✦ Vocabulary

ナイター:＿＿＿＿＿　夜^{よる}:＿＿＿＿＿＿　やる:＿＿＿＿＿＿　野球^{やきゅう}:＿＿＿＿＿

試合^{しあい}:＿＿＿＿＿　一杯^{いっぱい}やる:＿＿＿＿＿　ピザ:＿＿＿＿＿＿

❶ 「〜ます」のいろいろな形

	意味		意味
〜ます		〜ますか	
〜ません		〜ませんか	
〜ましょう		〜ましょうか	
〜ました		〜ましたか	
〜ませんでした		〜ませんでしたか	

❷ 〜ませんか (=〜ましょうか) : 誘い

① A: みなさん、一休みしましょうか。

B: ええ、いいですね。 そうしましょう。

② A: 今夜、一杯やりませんか。

B: すみません。 今夜はちょっと……。

❸ 動詞の基本形 + 名詞

① あれは東京駅へ行くバスです。

② あそこにいる人は山本さんの友だちですか。

③ このカードは電車に乗るときに使います。

使う:＿＿＿＿＿＿＿＿＿＿＿＿＿＿＿

Conversation

A: 小田さん、①今度の土曜日、時間ありますか。

B: ええ、特に予定はありませんが。

A: じゃ、②一緒に映画を見に行きませんか。

B: いいですね。行きましょう。

A: ③どんな映画がいいですか。

B: そうですね。④おもしろい映画がいいです。

Vocabulary

特に:_____　　　予定:_____

1 入れ替えて練習してみましょう。

(1) ① 今週末 ② 一緒にドライブする
　　 ③ どこ ④ 景色がきれいなところ

(2) ① 来週の日曜日 ② 一緒においしいものを食べる
　　 ③ どんな料理 ④ イタリア料理

(3) ① 明日の夜 ② 一緒に飲む
　　 ③ どんなお店 ④ おいしいワインがあるお店

2 友達と話してみましょう。

A: ＿＿＿＿＿＿＿＿＿＿＿＿＿＿、時間ありますか。

B: ええ、特に予定はありませんが。

A: じゃ、＿＿＿＿＿＿＿＿＿＿＿＿に行きませんか。

B: いいですね。行きましょう。

A: ＿＿＿＿＿＿＿＿がいいですか。

B: そうですね。＿＿＿＿＿＿＿＿＿＿＿＿がいいです。

✿ Vocabulary

今週末:＿＿＿＿＿＿＿＿＿　　景色:＿＿＿＿＿＿＿＿＿　　イタリア料理:＿＿＿＿＿＿＿

お店:＿＿＿＿＿＿＿＿＿　　ワイン:＿＿＿＿＿＿＿＿＿

 **Exercise**

1 例のように言ってみましょう。

> 例 (スーパー / ビールを買う)
>
> A: 小田さん、どこへ行きますか。
>
> B: スーパーへビールを買いに行きます。

① 先生のところ / 宿題を出す

② 美容院 / 髪を切る

③ 病院 / 薬をもらう

④ 塾 / 英語を習う

2 例のように言ってみましょう。

> 例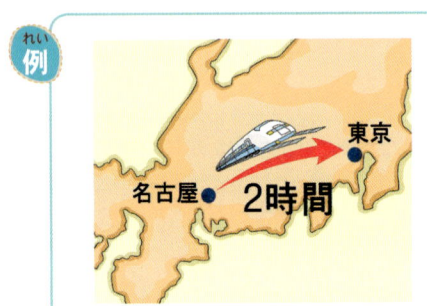
>
> A: 名古屋から東京までどのくらいかかりますか。
>
> B: 新幹線で2時間くらいかかります。

①

②

✤ Vocabulary

宿題:_____　出す:_____　美容院:_____　髪:_____

薬:_____　もらう:_____　塾:_____

15

よく聞いて、例のように記号を書きましょう。

a.

b.

c.

d.

e.

f.

例	1	2	3	4	5
b					

Unit 4

FIGHTING

Activity ① 好きなものには〇、嫌いなものには✕を付けてみましょう。

🎧16

甘いもの

辛いもの

酸っぱいもの

運動

コンピューター・ゲーム

ショッピング

ホラー映画

アクション映画

アニメ

A: 藤井さんは甘いものが好きですか。
B: はい、大好きです。
A: じゃ、辛いものはどうですか。
B: 辛いものはあまり好きではありません。

✿Vocabulary

甘い:＿＿＿＿＿＿　辛い:＿＿＿＿＿＿　酸っぱい:＿＿＿＿＿　もの:＿＿＿＿＿

ホラー:＿＿＿＿＿＿　アクション:＿＿＿＿＿　アニメ:＿＿＿＿＿

1 ～が + 好きだ・嫌いだ

① 私は韓国のドラマが好きです。
② 私はヘビが大嫌いです。
③ 僕は甘いものは好きではありません。

2 どうですか (=いかがですか)

① このデザインはどうですか。
② 小島さんの意見はどうですか。
③ 来週の月曜日はいかがですか。

3 こ・そ・あ・ど

副詞	こう	そう	ああ	どう
副詞的	このように	そのように	あのように	どのように

Activity 2

<ruby>能<rt>のう</rt></ruby><ruby>力<rt>りょく</rt></ruby>を<ruby>評<rt>ひょう</rt></ruby><ruby>価<rt>か</rt></ruby>してみましょう。

 17

A: 1<ruby>番<rt>ばん</rt></ruby>の<ruby>木村<rt>きむら</rt></ruby>さんは<ruby>歌<rt>うた</rt></ruby>が<ruby>本当<rt>ほんとう</rt></ruby>に<ruby>上手<rt>じょうず</rt></ruby>ですね。

B: はい、でも2<ruby>番<rt>ばん</rt></ruby>のギターはまあまあですね。

A: そうですね。じゃ、3<ruby>番<rt>ばん</rt></ruby>はどうですか。

B: あのバンドはドラムが<ruby>下手<rt>へた</rt></ruby>ですね。
<ruby>リズムが<ruby>全然<rt>ぜんぜん</rt></ruby><ruby>合<rt>あ</rt></ruby>いません。

🔶 Vocabulary

<ruby>歌<rt>うた</rt></ruby>:＿＿＿＿＿＿　でも:＿＿＿＿＿＿　じゃ:＿＿＿＿＿＿　バンド:＿＿＿＿＿

ドラム:＿＿＿＿＿＿　リズム:＿＿＿＿＿　<ruby>合<rt>あ</rt></ruby>う:＿＿＿＿＿＿

1 ～が + 上手だ・下手だ・得意だ・苦手だ

① 本田さんは韓国語が上手ですね。
② 僕は字が下手です。
③ 私は運動が苦手です。
④ 田中さんは語学が得意です。

2 まあまあ

① 日本語はまあまあおもしろいです。
② カレーの味はまあまあですね。

3 全然 + 否定

① 肉は全然食べませんか。
② この単語の意味が全然分かりません。

字:＿＿＿＿＿＿＿＿＿ 語学:＿＿＿＿＿＿＿＿＿ 味:＿＿＿＿＿＿＿＿＿ 肉:＿＿＿＿＿＿＿＿＿

単語:＿＿＿＿＿＿＿＿＿ 意味:＿＿＿＿＿＿＿＿＿ 分かる:＿＿＿＿＿＿＿＿＿

Activity ③ 助詞の使い方
じょし つか かた

 18

でんしゃ の
電車に乗る

まる うちせん の か
丸の内線に乗り換える

お
バスを降りる

く
アメリカから来る

ともだち あ
友達に会う

友達と会う

しんじゅく でんしゃ の
A: 新宿で電車に乗ります。

の か
B: じゃ、どこで乗り換えますか。

よ や
A: 四ツ谷で乗り換えます。

🔸 Vocabulary

でんしゃ
電車:_____　

まる うちせん
丸の内線:_____　

の か
乗り換える:_____

お
降りる:_____

助詞の意味

助詞	動詞	意味	助詞	動詞	意味
に	乗る		に	乗り換える	
を	降りる		から	来る・行く	
に	会う		と	会う	

① 週末は彼女と会います。

② 駅前で偶然友だちに会いました。

③ 妹は学校から直接来ます。

Let's Try

● 次の＿＿＿に正しい助詞を入れてください。

① 明日、大阪＿＿＿＿＿＿母が来ます。

② 渋谷駅で何線＿＿＿＿＿＿乗り換えますか。

③ 吉田さんは今どこ＿＿＿＿＿＿いますか。

④ 近いですから、タクシー＿＿＿＿＿＿乗りましょう。

⑤ デパート＿＿＿＿＿＿＿＿＿＿買い物をします。

19

Conversation

A: わあ、①<ruby>料理<rt>りょうり</rt></ruby>、<ruby>上手<rt>じょうず</rt></ruby>ですね。

B: そうですか。ありがとうございます。

A: ②<ruby>日本料理<rt>にほんりょうり</rt></ruby>もできますか。

B: ええ、<ruby>少<rt>すこ</rt></ruby>し。でも、上手ではありません。

A: じゃ、③<ruby>中華料理<rt>ちゅうかりょうり</rt></ruby>はどうですか。

B: ③<ruby>中華料理<rt>ちゅうかりょうり</rt></ruby>はまだできません。④<ruby>勉強中<rt>べんきょうちゅう</rt></ruby>です。

✛ Vocabulary

わあ:＿＿＿＿＿＿＿＿＿＿＿＿＿

まだ:＿＿＿＿＿＿＿＿＿＿＿＿＿

でも:＿＿＿＿＿＿＿＿＿＿＿＿＿

<ruby>勉強中<rt>べんきょうちゅう</rt></ruby>:＿＿＿＿＿＿＿＿＿＿＿＿＿

<ruby>中華<rt>ちゅうか</rt></ruby>:＿＿＿＿＿＿＿＿＿＿＿＿＿

1 入れ替えて練習してみましょう。

(1) ① 英語　　　　② 日本語　　　　③ フランス語　　④ 勉強中

(2) ① サッカー　　② テニス　　　　③ 水泳　　　　　④ 練習中

(3) ① ピアノ　　　② ギター　　　　③ ドラム　　　　④ 練習中

2 友達と話してみましょう。

A: ＿＿＿＿＿＿＿＿＿＿＿＿＿＿＿＿、上手ですね。

B: そうですか。ありがとうございます。

A: ＿＿＿＿＿＿＿＿＿＿＿もできますか。

B: ええ、少し。　でも上手ではありません。

A: じゃ、＿＿＿＿＿＿＿＿＿はどうですか。

B: ＿＿＿＿＿＿＿＿＿＿はできません。

サッカー:＿＿＿＿＿＿＿＿＿＿　　テニス:＿＿＿＿＿＿＿＿＿＿　　水泳:＿＿＿＿＿＿＿＿＿＿＿＿＿

練習中:＿＿＿＿＿＿＿＿＿＿＿　　ピアノ:＿＿＿＿＿＿＿＿＿＿＿

① 例のように、質問に答えてみましょう。

> 例
> 辛いものが好きですか。
> ➡ はい、好きです。 / いいえ、好きじゃありません。

① ねこが好きですか。

➡ _____

② コンピューターゲームは嫌いですか。

➡ _____

③ スポーツが苦手ですか。

➡ _____

④ 料理が上手ですか。

➡ _____

⑤ 水泳が得意ですか。

➡ _____

⑥ 日本のアニメが好きですか。

➡ _____

② 例のように言ってみましょう。

> 例
> (英語 / まあまあ)
> A: 林さんは英語が好きですか。
> B: ええ、まあまあ好きです。

① アクション映画 / とても　　② 山登り / 全然
③ 読書 / まあまあ　　　　　　④ 旅行 / とても
⑤ 勉強 / 全然

20

よく聞いて、例のように記号を書きましょう。

 例
a. 　b. 　c. (image)

1) a. 　b. 　c.

2) a. 　b. 　c.

3) a. 　b. 　c.

4) a. 　b. 　c.

例	1	2	3	4
b				

Vocabulary

特に:＿＿＿＿　こわい:＿＿＿＿　バイオリン:＿＿＿＿

Unit 5

FIGHTING

○ **Lesson Plan** 🎧 21〜25

・昔の状態について話す

・過去の出来事について話す

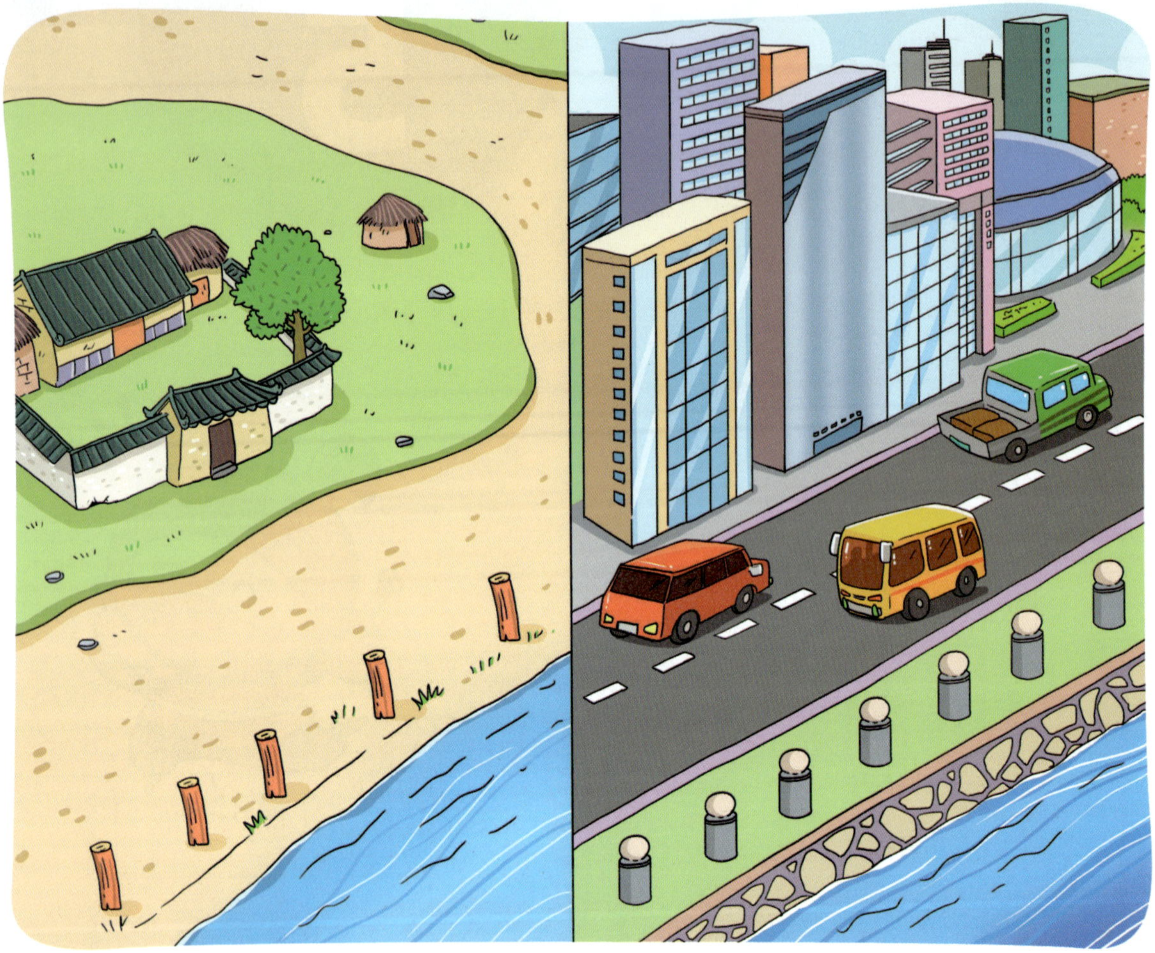

A: ここはとても賑^{にぎ}やかな所^{ところ}ですね。

B: でも、10年前は静^{しず}かでしたよ。

A: あの高いビルは、昔^{むかし}は何でしたか。

B: あそこは何^{なに}もない空き地^{あ ち}でした。

⊕ Vocabulary

賑^{にぎ}やかだ:_____   昔^{むかし}:_____   空き地^{あ ち}:_____

1 名詞の過去表現

	現在				過去		
肯定	名詞	+	だ	名詞	+	だった	
			です			でした	
否定	名詞	+	では(=じゃ)ない	名詞	+	では(=じゃ)なかった	
			では(=じゃ)ありません			では(=じゃ)ありませんでした	

① 昨日が私の誕生日でした。

② こんなにきれいな所ではありませんでした。

③ 出張先はどこでしたか。

2 な形容詞の過去表現

	現在				過去		
肯定	語幹	+	だ	語幹	+	だった	
			です			でした	
否定	語幹	+	では(=じゃ)ない	語幹	+	では(=じゃ)なかった	
			では(=じゃ)ありません			では(=じゃ)ありませんでした	

① 出張は、本当に大変でした。

② 料理もまずくて、店もきれいじゃありませんでした。

③ 佐藤さんは元気でしたか。

Let's Try

● あなたの子供のころの夢は何でしたか。

_____

_____

_____

誕生日:_____　出張先:_____　大変だ:_____　元気だ:_____

Activity 2

かこ できごと はな
過去の出来事について話してみましょう。

🎧22

きょうと　りょこう
A: 京都の旅行はどうでしたか。
に はくみっか　りょこう　　　　　　　　　たの
B: 二泊三日の旅行でしたが、とっても楽しかったです。
りょかん
A: 旅館はどうでしたか。
しず
B: 静かで、よかったですよ。

✦ Vocabulary

きょうと
京都: _____

りょこう
旅行: _____

に はくみっか
二泊三日: _____

とっても: _____

たの
楽しい: _____

りょかん
旅館: _____

1 い形容詞の過去表現
けいよう し　　か こ ひょうげん

			現在			過去
肯定	語幹	+	い	語幹	+	かった
			いです			かったです
否定	語幹	+	くない	語幹	+	くなかった
			くありません			くありませんでした
			(=くないです)			(=くなかったです)

① 昨日の試験はちょっと難しかったですね。
きのう　　し けん　　　　　　　　　　むずか

② 映画はおもしろかったですか。
えい が

③ お客さんはあまり多くありませんでした。
きゃく　　　　　　　　おお

2 「いい」の活用
かつよう

	現在	過去
肯定	いい (よい)	よかった
	いいです	よかったです
否定	よくない	よくなかった
	よくありません (=よくないです)	よくありませんでした (=よくなかったです)

① それはよかったですね。

② 雰囲気はあまりよくありませんでした。
ふん い き

3 〜泊 〜日
はく　　か

・一泊二日　　・二泊三日　　・三泊四日　　・四泊五日
いっぱくふつ か　　に はくみっ か　　さんぱくよっ か　　よんぱくいつ か

Activity 3

すずき きのう
鈴木さんは昨日何をしましたか。

お
起きる

そ
ひげを剃る

かいしゃ
会社へ行く

ミーティングがある

し ごと
仕事をする

デートをする

うち かえ
家へ帰る

ふ ろ はい
風呂に入る

ね
寝る

すず き　　　　きのう　　ご ぜん
A: 鈴木さん、昨日の午前は何をしましたか。

ご ぜんちゅう
B: 昨日は午前中にミーティングがありました。

かえ　　　おそ
A: 帰りは遅かったですか。

B: いいえ、そんなに遅くありませんでした。

11時に帰りました。

⊕ Vocabulary

ひげ:＿＿＿＿＿＿＿＿＿＿＿

そ
剃る:＿＿＿＿＿＿＿＿＿＿＿

ミーティング:＿＿＿＿＿＿＿

ふ ろ はい
風呂に入る:＿＿＿＿＿＿＿

そんなに:＿＿＿＿＿＿＿＿＿

Check Point

① **～ました / ～ませんでした**

	現在	過去
肯定	～ます(か)	～ました(か)
否定	～ません(か)	～ませんでした(か)

① 週末は洗濯をしました。

② 朝ご飯は食べませんでした。

③ セールでこの手袋を買いました。

② **～中(ちゅう・じゅう)**

① 午前中には終ります。

② 部長は今会議中です。

③ ここは一年中雨です。

④ 世界中の人々が集まりました。

洗濯:＿＿＿＿＿＿　　セール:＿＿＿＿＿＿　　手袋:＿＿＿＿＿＿　　終る:＿＿＿＿＿＿

部長:＿＿＿＿＿＿　　会議:＿＿＿＿＿＿　　人々:＿＿＿＿＿＿　　集まる:＿＿＿＿＿＿

A: 昨日（きのう）の①パーティーはどうでしたか。

B: とても楽（たの）しかったですよ。

A: そうですか。そのあと、すぐに家（うち）に帰（かえ）りましたか。

B: いいえ、②友達（ともだち）と一緒（いっしょ）にカクテルを飲みに行きました。

A: じゃ、家（うち）には何時に帰りましたか。

B: ③1時に帰りました。

A: 遅（おそ）かったですね。

Vocabulary

カクテル: ＿＿＿＿＿＿＿＿＿＿

1 入れ替えて練習してみましょう。
<ruby>入<rt>い</rt></ruby>れ<ruby>替<rt>か</rt></ruby>えて<ruby>練習<rt>れんしゅう</rt></ruby>してみましょう。

(1) ① <ruby>同窓会<rt>どうそうかい</rt></ruby>　　② <ruby>二次会<rt>にじかい</rt></ruby>に行く　　　　　　③ 2時

(2) ① <ruby>集<rt>あつ</rt></ruby>まり　　② <ruby>彼氏<rt>かれし</rt></ruby>とデートをする　　　　　③ 12時

(3) ① <ruby>運動会<rt>うんどうかい</rt></ruby>　　② <ruby>家族<rt>かぞく</rt></ruby>と<ruby>一緒<rt>いっしょ</rt></ruby>にご<ruby>飯<rt>はん</rt></ruby>を食べに行く　③ 10時

2 <ruby>友達<rt>ともだち</rt></ruby>と<ruby>話<rt>はな</rt></ruby>してみましょう。

A: ＿＿＿＿＿＿＿＿＿はどうでしたか。

B: ＿＿＿＿＿＿＿＿＿＿＿＿＿＿よ。

A: そうですか。そのあと、すぐに<ruby>家<rt>うち</rt></ruby>に<ruby>帰<rt>かえ</rt></ruby>りましたか。

B: いいえ、＿＿＿＿＿＿＿＿＿＿＿＿＿＿＿＿。

A: じゃ、家には何時に帰りましたか。

B: ＿＿＿＿時に帰りました。

⊕ Vocabulary

<ruby>同窓会<rt>どうそうかい</rt></ruby>:＿＿＿＿＿＿＿＿＿　<ruby>二次会<rt>にじかい</rt></ruby>:＿＿＿＿＿＿＿＿＿　<ruby>集<rt>あつ</rt></ruby>まり:＿＿＿＿＿＿＿＿＿

1 例のように言ってみましょう。

> **例**
> (大阪旅行 / 楽しい)
> A: 大阪旅行はどうでしたか。
> B: 楽しかったです。

① ミュージカル / すばらしい
② 台湾 / とても暑い
③ 英語の試験 / ちょっと難しい
④ 料理 / あまりおいしくない

2 例のように言ってみましょう。

> **例**
> (医者)
> A: 子供のころの夢は何でしたか。
> B: 医者でした。

① 教師
② カメラマン
③ 警察官
④ 歌手

3 例のように言ってみましょう。

> **例**
> (彼女と映画を見る)
> A: 昨日の休みは何をしましたか。
> B: 彼女と映画を見ました。

① 午前中は会社で仕事をする
② 友達と一緒に遊ぶ
③ 一日中、掃除をする
④ 弟とナイターを見に行く

Vocabulary

ミュージカル:＿＿＿＿＿＿＿＿　　すばらしい:＿＿＿＿＿＿＿＿　　警察官:＿＿＿＿＿＿＿＿＿＿＿

一日中:＿＿＿＿＿＿＿＿　　掃除:＿＿＿＿＿＿＿＿＿

Listening

● よく聞いて、例のように○を書きましょう。

 a. (○)  b. (　　)

1) a. (　　)  b. (　　)

2) a. (　　)  b. (　　)

3) a. (　　)  b. (　　)

4) a. (　　)  b. (　　)

⊕Vocabulary

奥さん:＿＿＿＿＿＿＿＿＿　過ぎ:＿＿＿＿＿＿＿＿＿　よく:＿＿＿＿＿＿＿＿＿

連絡:＿＿＿＿＿＿＿＿＿　今年:＿＿＿＿＿＿＿＿＿　去年:＿＿＿＿＿＿＿＿＿

Unit 6

FIGHTING

Lesson Plan 🎧 26〜30

- 接続語^{せつぞくご}：それから・それで・それとも・でも

- 動詞の「て形」で二つの文^{ぶん}をつなぐ

🎧26

①

本屋で辞書を買いました。
それから、図書館で本を借りました。

②

雨が降りました。
それで、山登りはできませんでした。

③

鈴木さんに電話を掛けました。
でも、誰も電話に出ませんでした。

④

ビールにしますか。
それとも、ウイスキーにしますか

✤ Vocabulary

降る:＿＿＿＿＿＿＿＿　　電話を掛ける:＿＿＿＿＿＿＿　　誰も:＿＿＿＿＿＿＿＿

電話に出る:＿＿＿＿＿＿＿

● 接続語 (せつぞく ご)

① A それから、B

友達(ともだち)と映画(えいが)を見ました。**それから**、渋谷(しぶや)で食事(しょくじ)をしました。

② A それで、B

とても疲(つか)れました。**それで**、途中(とちゅう)で帰りました。

③ A でも、B

タクシーに乗(の)りました。**でも**、遅刻(ちこく)しました。

④ A それとも、B

プレゼントはネクタイにしましょうか。**それとも**、ベルトにしましょうか。

Let's Try

● _____に適当(てきとう)な接続語(せつぞく ご)を入(い)れてみましょう。

① 運動会(うんどうかい)でとても疲(つか)れました。_____、ゆうべは10時に寝ました。

② 体(からだ)の調子(ちょうし)がよくなかったです。_____、山登(やまのぼ)りをしました。

③ 食事(しょくじ)にしますか。_____、お風呂(ふ ろ)にしますか。

④ コンサートに行きました。_____、お酒(さけ)も一杯(いっぱい)やりました。

食事(しょくじ):_____ 　疲(つか)れる:_____ 　途中(とちゅう)で:_____ 　遅刻(ちこく)する:_____

運動会(うんどうかい):_____ 　ゆうべ:_____ 　体(からだ):_____ 　調子(ちょうし):_____

お酒(さけ):_____ 　一杯(いっぱい)やる:_____

「て形」を使って、文をつないでみましょう。

🎧 27

 ①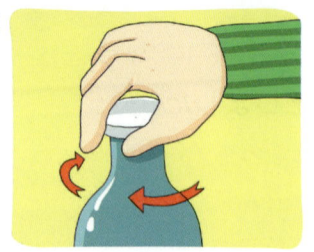

右へ回す。 それから、ふたを開ける。

➡ 右へ回して、ふたを開けます。

 ②

大きい声で話す。 それで、注意を受ける。

➡ 大きい声で話して、注意を受けました。

 ③

プールで泳ぐ。 それから、映画を見る。

➡ プールで泳いで、映画を見ました。

 ④

桜の写真を撮る。 それから、友達に送る。

➡ 桜の写真を撮って、友達に送りました。

 ⑤

犬が死ぬ。 それで、元気がない。

➡ 犬が死んで、元気がありません。

✦ Vocabulary

回す:＿＿＿＿＿＿ ふた:＿＿＿＿＿＿ 開ける:＿＿＿＿＿＿ 注意:＿＿＿＿＿＿

受ける:＿＿＿＿＿＿ プール:＿＿＿＿＿＿ 泳ぐ:＿＿＿＿＿＿ 桜:＿＿＿＿＿＿

写真:＿＿＿＿＿＿ 撮る:＿＿＿＿＿＿ 送る:＿＿＿＿＿＿ 死ぬ:＿＿＿＿＿＿

● 1グループ動詞の「て形」

① ～く(ぐ)

基本形	語尾(く → い) + て	基本形	語尾(ぐ → い) + で
泣_なく	泣いて	急_{いそ}ぐ	急いで
焼_やく	焼いて	泳_{およ}ぐ	泳いで
行_いく	* 行って	騒_{さわ}ぐ	騒いで

② ～う・～つ・～る

基本形	語尾(う・つ・る → っ) + て	基本形	語尾(う・つ・る → っ) + て
言_いう	言って	使_{つか}う	使って
待_まつ	待って	勝_かつ	勝って
ある	あって	撮_とる	撮って

③ ～ぬ・～ぶ・～む

基本形	語尾(ぬ・ぶ・む → ん) + で	基本形	語尾(ぬ・ぶ・む → ん) + で
死_しぬ	死んで	込_こむ	込んで
遊_{あそ}ぶ	遊んで	飲_のむ	飲んで
飛_とぶ	飛_とんで	読_よむ	読んで

④ ～す

基本形	語尾(す → し) + て	基本形	語尾(す → し) + て
押_おす	押して	探_{さが}す	探して
返_{かえ}す	返して	話_{はな}す	話して
貸_かす	貸して	回_{まわ}す	回して

🎧 28

①

(映画を見る / 食事をする)

A: 週末は何をしましたか。

B: 彼女と映画を見て、食事をしました。

②

(6時に家を出る / 電車に乗る)

A: 何時に家を出ますか。

B: 6時に家を出て、電車に乗ります。

③

(窓を開ける / 換気をする)

A: ここは空気が悪いですね。

B: 窓を開けて、換気をしましょうか。

④

(日本へ来る / 日本語を習う)

A: 日本語はいつから習いましたか。

B: 日本へ来てから習いました。

⑤

(掃除をする / 料理を作る)

A: 掃除と料理、どちらを先にしましょうか。

B: 掃除をしてから、料理をしましょう。

✤ Vocabulary

週末:＿＿＿＿＿＿＿＿＿　開ける:＿＿＿＿＿＿＿＿＿　換気:＿＿＿＿＿＿＿＿＿

習う:＿＿＿＿＿＿＿＿＿　掃除:＿＿＿＿＿＿＿＿＿

1 2グループ動詞の「て形」

基本形	語幹 + て	基本形	語幹 + て
いる	いて	開ける	開けて
起きる	起きて	かける	かけて
見る	見て	出る	出て

2 3グループ動詞の「て形」

基本形	て形	基本形	て形
来る	来て	する	して
走ってくる	走ってきて	けんかする	けんかして
持ってくる	持ってきて	相談する	相談して

3 ～てから

① 親と相談してから決めます。

② 私はデパートへ寄ってから行きます。

親:＿＿＿＿＿＿＿＿   相談する:＿＿＿＿＿＿   決める:＿＿＿＿＿＿   寄る:＿＿＿＿＿＿

A: 週末は何をしましたか。

B: ①図書館に行って、試験の勉強をしました。

A: あ、②来週、試験ですか。

B: ええ。 ミドリさんは週末、何をしましたか。

A: 私は③母と一緒にデパートに行って、買い物をしました。

B: 人は多かったですか。

A: ええ、とても多かったです。

1 入れ替えて練習してみましょう。

(1) ① 有名な店の前で1時間待つ / 食事をする
　　② 彼女と　　　　　③ 友達と海へ行く / 泳ぐ

(2) ① ケーキを作る / パーティーの準備をする
　　② 友達の誕生日　③ 弟を誘う / 野球を見に行く

(3) ① コンビニに行く / 仕事をする
　　② バイト　　　　③ 朝早く起きる / 子供と一緒に動物園に行く

2 週末に何をしましたか。友達と話してみましょう。

A: 週末は何をしましたか。

B: _____

A: _____

B: _____

A: _____

B: _____

⊕ Vocabulary

作る: _____　誘う: _____　動物園: _____

Exercise

● (　　)の動詞を「て形」にして言ってみましょう。

① A: 何時まで飲みましたか。

B: 10時まで_____、家に帰りました。
   (飲む)

② A: 来週の同窓会、行きますか。

B: 夫に_____から、決めます。
   (相談する)

③ A: これ、どうやって開けますか。

B: ここを_____、左に回します。
   (押す)

④ A: 朝、いつ歯を磨きますか。

B: 朝ごはんを_____から磨きます。
   (食べる)

⑤ A: 先週、先生に会いましたか。

B: ええ、先生に_____、食事も一緒にしました。
   (会う)

⑥ A: 目の上のけが、どうしましたか。

B: 実は昨日、弟と_____……。
   (けんかする)

⑦ A: 今からスーパーへ買い物に行きませんか。

B: すみません、このドラマを_____から行きましょう。
   (見る)

⑧ A: 日曜日は何をしましたか。

B: 友達と一緒に美術館に_____、有名な絵をたくさん見ました。
   (行く)

🔸Vocabulary

どうやって:_____   歯:_____   磨く:_____   けが:_____

実は:_____   美術館:_____   絵:_____

● よく聞いて、例のように行動の順に数字を書きましょう。

 例

	a.	b.

1) a. 　　　b.

2) a. 　　　b.

3) a. 　　　b.

4) a. 　　　b.

5) a. 　　　b.

	a	b
例	2	1
1		
2		
3		
4		
5		

❄ Vocabulary

集まり(あつ): ＿＿＿＿＿＿＿＿　　一度(いちど): ＿＿＿＿＿＿＿＿　　並ぶ(なら): ＿＿＿＿＿＿＿＿

進路(しんろ): ＿＿＿＿＿＿＿＿　　まだ: ＿＿＿＿＿＿＿＿

Unit 7

FIGHTING

ちゅうもん

🎧31

> A: 私はスパゲティにします。
> B: じゃ、僕はハンバーガー。
>   それから、玉ねぎは抜いてください。
> C: お飲み物は?
> A: 私はアイスティー、お願いします。
> B: 僕は、コーラ、ください。

✹ Vocabulary

スパゲティ:＿＿＿＿＿   じゃ:＿＿＿＿＿＿＿＿   ハンバーガー:＿＿＿＿＿   玉ねぎ:＿＿＿＿＿＿＿

抜く:＿＿＿＿＿＿＿＿   飲み物:＿＿＿＿＿＿＿   お願いする:＿＿＿＿＿

Check Point

① ～に します(か)

① 私はこの白い帽子にします。

② 送別会はいつにしますか。

③ 山田さんのプレゼントは何にしましょうか。

② ～て ください

① すみません。もう少しゆっくり言ってください。

② 私にもその写真を見せてください。

③ もう一度言います。よく聞いてください。

③ 動詞の「て形」のまとめ

①

動詞	基本形	て形	基本形	て形	基本形	て形
1グループ	書く	書いて	泳ぐ	泳いで	* 行く	行って
	買う	買って	待つ	待って	乗る	乗って
	死ぬ	死んで	遊ぶ	遊んで	飲む	飲んで
	話す	話して				

②

動詞	基本形	て形	基本形	て形
2グループ	起きる	起きて	見る	見て
	食べる	食べて	寝る	寝て
3グループ	来る	来て	持ってくる	持ってきて
	する	して	連絡する	連絡して

帽子:＿＿＿＿＿＿＿＿＿＿　　送別会:＿＿＿＿＿＿＿＿＿＿　　ゆっくり:＿＿＿＿＿＿＿＿＿＿

言う:＿＿＿＿＿＿＿＿＿＿　　見せる:＿＿＿＿＿＿＿＿＿＿　　もう一度:＿＿＿＿＿＿＿＿＿＿

Activity ② 困っている人を手伝いましょう。

 32

少し持つ / この箱を持つ

手伝う / あちらへ運ぶ

どこに置く / 倉庫に入れる

古い雑誌は捨てる / たなの物を全部捨てる

A: 少し持ちましょうか。

B: すみません。じゃ、この箱を持ってくださいますか。

A: はい。うわ、これけっこう重いですね。

🔹 Vocabulary

持つ:＿＿＿＿＿＿　箱:＿＿＿＿＿＿　手伝う:＿＿＿＿＿＿　運ぶ:＿＿＿＿＿＿

置く:＿＿＿＿＿＿　倉庫:＿＿＿＿＿＿　入れる:＿＿＿＿＿＿　古い:＿＿＿＿＿＿

捨てる:＿＿＿＿＿＿　たな:＿＿＿＿＿＿　全部:＿＿＿＿＿＿　けっこう:＿＿＿＿＿＿

重い:＿＿＿＿＿＿

1 ～ましょうか

① 部屋が暗いですね。電気をつけましょうか。

② 暑いですね、窓を開けましょうか。

③ この電子辞典、貸しましょうか。

2 ～て くださいますか (くださいませんか)

① 部屋の電気をつけてくださいますか。

② 後のドアは閉めてくださいますか。

③ すみません。ちょっと手伝ってくださいませんか。

Let's Try

● 次を「～てください」「～てくださいませんか」を使って言ってみましょう。

① (写真を見せる)

➡ _____

② (窓を閉める)

➡ _____

③ (ドアを開ける)

➡ _____

④ (机の上を片付ける)

➡ _____

暗い:_____ 電気:_____ つける:_____

暑い:_____ 開ける:_____ 電子辞典:_____

貸す:_____ 後:_____ 閉める:_____

片付ける:_____

Activity **3** 道案内^{みちあんない}をしてみましょう。

33

交差点^{こうさてん}

角^{かど}

突き当たり^{つきあ}

信号^{しんごう}

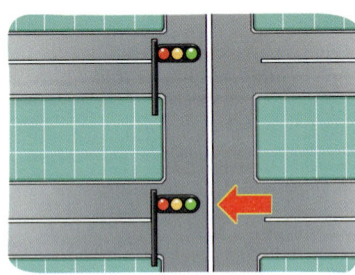

一つ目の信号^{ひとめ しんごう}

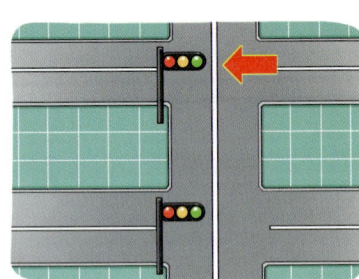

二つ目の信号^{ふため しんごう}

まっすぐ行く^い

曲がる^ま

横断歩道を渡る^{おうだんほどう わた}

A: 郵便局^{ゆうびんきょく}はどこですか。

B: 一つ目^{ひとめ}の信号^{しんごう}を右^{みぎ}に曲^まがって、まっすぐ

行ってください。

✦ **Vocabulary**

交差点^{こうさてん}:_____	角^{かど}:_____	突き当たり^{つきあ}:_____	信号^{しんごう}:_____
一つ目^{ひとめ}:_____	二つ目^{ふため}:_____	まっすぐ^ま:_____	曲がる^ま:_____
横断歩道^{おうだんほどう}:_____	渡る^{わた}:_____		

～目

① 一つ目の信号を左へ曲がってください。
② 二つ目の交差点でUターンですか。
③ 三つ目の角を右へまっすぐ行ってください。

Let's Try

● 「～てください」を使って、道案内をしてみましょう。

①

_____

_____

②

_____

_____

③

_____

_____

④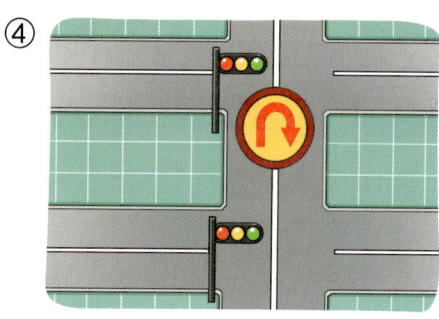

_____

_____

Uターン:_____

A: すみません。①渋谷駅はどこですか。

B: ええと……まず②次の交差点を左に曲がってください。

A: ③交差点を左ですね。

B: はい。それから④ずっとまっすぐ行って、一つ目の信号を右に曲がってください。①渋谷駅は⑤右側にあります。

A: どうもありがとうございます。

B: 荷物が多いですね。一つ持ちましょうか。

A: え、いいですか。助かります。じゃ、これを持ってくださいませんか。

B: はい。

🔆 Vocabulary

渋谷駅: _____　　まず: _____　　次: _____

右側: _____　　荷物: _____　　助かる: _____

1 入れ替えて練習してみましょう。

(1) ① 病院　　　　　　　② 一つ目の角を右に曲がる　　　③ 一つ目の角を右
　　④ 横断歩道を渡る / ずっとまっすぐ行く　　　　　⑤ 左側

(2) ① 映画館　　　　　　② ここをまっすぐ行く　　　　　③ まっすぐ
　　④ 突き当たりを左に曲がる / 一つ目の交差点を右に曲がる　⑤ 右側

(3) ① 本屋　　　　　　　② 三つ目の信号を右に曲がる　　③ 三つ目を右
　　④ 横断歩道を渡る / まっすぐ行く　　　　　　　⑤ 左側

2 この周辺には何がありますか。
コンビニや本屋などの位置を言ってみましょう。

A: すみません。＿＿＿＿＿＿＿＿＿＿はどこですか。

B: ＿＿＿＿＿＿＿＿＿＿＿＿＿＿＿＿＿＿＿＿＿＿＿＿＿

A: ＿＿＿＿＿＿＿＿＿＿＿＿＿＿＿＿＿＿＿＿＿＿＿＿＿

B: ＿＿＿＿＿＿＿＿＿＿＿＿＿＿＿＿＿＿＿＿＿＿＿＿＿

A: ＿＿＿＿＿＿＿＿＿＿＿＿＿＿＿＿＿＿＿＿＿＿＿＿＿

1 例のように言ってみましょう。

> 例
> (オムライス / スパゲティ)
> A: いらっしゃいませ。ご注文はお決まりでしょうか。
> B: ええと、私はオムライスください。
> C: じゃ、私はスパゲティにします。

① カレーライス / ハンバーグ   ② チャーハン / ラーメン
③ チーズケーキ / ショートケーキ   ④ カプチーノ / カフェオレ

2 例のように言ってみましょう。

> 例
> (窓を開ける)   A: すみません。窓を開けてくださいますか。
>   B: いいですよ。

① 電子辞典を貸す   ② 電気をつける
③ このごみを捨てる   ④ これをたなに入れる

3 例のように言ってみましょう。

> 例
> (手伝う)   A: 手伝いましょうか。
>   B: あ、すみません。お願いします。

① 一緒に運ぶ   ② テーブルの上を片付ける
③ 一つ、持つ   ④ 倉庫に入れる

✦ Vocabulary

いらっしゃいませ:＿＿＿＿＿   注文:＿＿＿＿＿   お決まりでしょうか:＿＿＿＿＿

カレーライス:＿＿＿＿＿   ハンバーグ:＿＿＿＿＿   チャーハン:＿＿＿＿＿

チーズケーキ:＿＿＿＿＿   ショートケーキ:＿＿＿＿＿   カプチーノ:＿＿＿＿＿

カフェオレ:＿＿＿＿＿   ごみ:＿＿＿＿＿   コンビニ:＿＿＿＿＿

● よく聞いて、例のように記号を書きましょう。

B			D
F			
A			
H		G	
C			
			E

現在地
（げんざい ち）

例	1	2	3	4
C				

✦ Vocabulary

コンビニ: _____

Unit 8

Lesson Plan 🎧 36〜40

- 自動詞と他動詞を学ぶ
- 進行や状態を説明する
- 外見について説明する
- 比較して話す

Activity ① 自動詞と他動詞を覚えましょう。

🎧 36

開く　　開ける

閉まる　　閉める

入る　　入れる

出る　　出す

止まる　　止める

付く　　付ける

消える　　消す

集まる　　集める

自動詞と他動詞
（じどうし　たどうし）

自動詞	意味	他動詞	意味	自動詞	意味	他動詞	意味
開く		開ける		閉まる		閉める	
集まる		集める		建つ		建てる	
売れる		売る		付く		付ける	
落ちる		落とす		出る		出す	
終わる		終える		止まる		止める	
掛かる		掛ける		並ぶ		並べる	
消える		消す		入る		入れる	

Let's Try

● ＿＿＿＿に自動詞または他動詞を入れて文を完成してください。

① ここに車を＿＿＿＿＿＿てください。（止まる・止める）

② 駅の前で9時半に＿＿＿＿＿＿ましょう。（集まる・集める）

③ 風が強いですね。窓を＿＿＿＿＿＿ましょうか。(閉まる・閉める)

④ 事務所のカギは誰が＿＿＿＿＿＿ましたか。(掛かる・掛ける)

⑤ 関係者以外はあちらのドアから＿＿＿＿＿＿てください。（入る・入れる）

Vocabulary

風:＿＿＿＿＿＿＿＿　　強い:＿＿＿＿＿＿＿＿　　事務所:＿＿＿＿＿＿＿＿

カギ:＿＿＿＿＿＿＿＿　　関係者:＿＿＿＿＿＿＿＿　　以外:＿＿＿＿＿＿＿＿

Vocabulary

動物園:＿＿＿＿＿＿　　はと:＿＿＿＿＿＿　　さる:＿＿＿＿＿＿　　ぞう:＿＿＿＿＿＿

1 ～が + 自動詞 + ている

① タクシーがたくさん止まっています。(状態)
② きれいな川が流れています。(進行)
③ ※川上さんは結婚しています。(状態)

2 ～を + 他動詞 + ている

① 今、推理小説を読んでいます。(進行)
② 公園で写真を撮っています。(進行)
③ 井上さんは帽子をかぶっています。(着用)

Let's Try 🎧37

● 絵の中から探して、名前を書いてください。

① 泣いています。　　　　　　　　　　　　　　（　　　　　　　　）
② アイスクリームを売っています。　　　　　　（　　　　　　　　）
③ ベンチで昼寝をしています。　　　　　　　　（　　　　　　　　）
④ 帽子をかぶって、アイスクリームを食べています。（　　　　　　　　）
⑤ 木の上に座っています。　　　　　　　　　　（　　　　　　　　）
⑥ 絵を描いています。　　　　　　　　　　　　（　　　　　　　　）
⑦ 空を飛んでいます。　　　　　　　　　　　　（　　　　　　　　）
⑧ えさを食べています。　　　　　　　　　　　（　　　　　　　　）
⑨ きれいに咲いています。　　　　　　　　　　（　　　　　　　　）
⑩ スカートをはいて、写真を撮っています。　　（　　　　　　　　）

川:＿＿＿＿＿　流れる:＿＿＿＿＿　推理小説:＿＿＿＿　撮る:＿＿＿＿＿　かぶる:＿＿＿＿

泣く:＿＿＿＿＿　昼寝をする:＿＿＿＿　座る:＿＿＿＿＿　描く:＿＿＿＿＿　空:＿＿＿＿＿

えさ:＿＿＿＿＿　咲く:＿＿＿＿＿　はく:＿＿＿＿＿

Activity ③ 比べてみましょう。

🎧 38

① 背が高い

山口 / 172cm   藤井 / 180cm   鈴木 / 178cm

② 人口が多い

北海道 / 550万人   東京都 / 1,310万人   大阪府 / 890万人

A: 山口さんと鈴木さんとどちら（の方）が背が高いですか。

B: 山口さんより鈴木さんの方が高いです。

A: じゃ、三人の中では、誰が一番背が高いですか。

B: 藤井さんが一番高いです。

 Vocabulary

背が高い: _____　人口: _____　一番: _____

1 ～と～とどちら(の方)が～

① A: 土曜日と日曜日とどちら(の方)が都合がいいですか。

　 B: 土曜日の方が都合がいいです。

② A: ビールと日本酒とどちら(の方)がよく売れますか。

　 B: そうですね。夏場はやっぱり日本酒よりビールの方がもっとよく売れますね。

2 ～(の中)で～が一番～

① A: 動物の中で、何が一番嫌いですか。

　 B: 私はへびが一番嫌いです。

② A: 一年の中で、いつが一番忙しい時期ですか。

　 B: そうですね。やっぱり12月ですね。

3 ～と～と～の中で、～が一番～

① 東京と京都と九州の中で、どこが一番賑やかですか。

② クラシックとジャズとポップの中で、どれが一番好きですか。

Let's Try

Q1 季節の中で、いつが一番好きですか。

Q2 野球とサッカーとどちらがもっとおもしろいですか。

都合がいい:＿＿＿＿＿　　**日本酒:**＿＿＿＿＿＿　　**よく:**＿＿＿＿＿＿　　**売れる:**＿＿＿＿＿＿

夏場:＿＿＿＿＿＿＿　　**もっと:**＿＿＿＿＿＿　　**へび:**＿＿＿＿＿＿　　**忙しい:**＿＿＿＿＿＿

時期:＿＿＿＿＿＿＿　　**賑やかだ:**＿＿＿＿＿＿　　**季節:**＿＿＿＿＿＿

A: すみません。子供が迷子になりました。アナウンスをお願いします。

B: 何歳のお子さんですか。

A: ①3歳の女の子です。

B: どんな服を着ていますか。

A: ええと、②赤いワンピースを着ています。
それから、③白い帽子をかぶっています。

B: その他には何か……？

A: あ、④くまのぬいぐるみを持っています。

B: はい、わかりました。では、こちらでお待ちください。

✛ Vocabulary

迷子:＿＿＿＿＿　　〜になる:＿＿＿＿＿　　アナウンス:＿＿＿＿＿　　お子さん:＿＿＿＿＿

ワンピース:＿＿＿＿＿　　くま:＿＿＿＿＿　　ぬいぐるみ:＿＿＿＿＿　　お待ちください:＿＿＿＿＿

1 入れ替えて練習してみましょう。
（いか）（れんしゅう）

(1) ① 4歳の男の子 （さい）（おとこ）　　② 青いシャツを着る （き）
　　③ 野球帽をかぶる （やきゅうぼう）　　④ サッカーボールを持つ （も）

(2) ① 7歳の女の子 　　② 黒いスカートをはく
　　③ ピンクの靴をはく （くつ）　　④ 赤いめがねをかける

(3) ① 6歳の男の子 　　② ストライプのシャツを着る
　　③ 半ズボンをはく （はん）　　④ ポケモンのカードを持つ

2 友達の外見について、「ている」を使って言ってみましょう。
（ともだち）（がいけん）（つか）（い）

_____

_____

_____

_____

_____

_____

・眼鏡をかける （めがね）	・帽子をかぶる （ぼうし）	・ブラウスを着る （き）
・スカート(ズボン)をはく	・スニーカーをはく	・ジーパンをはく

Vocabulary

野球帽:＿＿＿＿＿＿　ストライプ:＿＿＿＿＿＿　半ズボン:＿＿＿＿＿＿　ポケモン:＿＿＿＿＿＿
（やきゅうぼう）（はん）

眼鏡をかける:＿＿＿＿＿＿　ズボン:＿＿＿＿＿＿　スニーカー:＿＿＿＿＿＿
（めがね）

Exercise

1 絵を見て、例のように言ってみましょう。

例 研究室の電気は ＿消え＿ ていますね。
（消える）

① 早く来てください。もうみんな＿＿＿＿＿＿＿＿ています。
（集まる）

② この窓、朝から＿＿＿＿＿＿＿＿ていましたか。
（閉まる）

③ あれ？ 金庫のカギが＿＿＿＿＿＿＿ていますよ。
（開く）

④ あそこに＿＿＿＿＿＿＿ている赤い車は今井さんのですか。
（止まる）

2 次の質問に答えてみましょう。

① 動物の中で、何が一番嫌いですか。

＿＿＿＿＿＿＿＿＿＿＿＿＿＿＿＿＿＿＿＿＿＿＿＿＿＿＿

② 一週間の中で、いつが一番暇ですか。

＿＿＿＿＿＿＿＿＿＿＿＿＿＿＿＿＿＿＿＿＿＿＿＿＿＿＿

③ 日本料理と中華料理と、どちらが好きですか。

＿＿＿＿＿＿＿＿＿＿＿＿＿＿＿＿＿＿＿＿＿＿＿＿＿＿＿

✦ Vocabulary

研究室：＿＿＿＿＿＿＿＿＿＿　　金庫：＿＿＿＿＿＿＿＿＿＿＿＿

Listening

🎧40

● よく聞いて、例のように記号を書きましょう。

例	1	2	3	4	5
g					

Unit
9

FIGHTING

Lesson Plan 🎧 41〜45

・〜ていく(くる)

・期間や期限を話す
　き かん　　き げん

・準備しておいた事柄について
　じゅん び　　　　　　　こと がら
　話す

Activity 1 何をしていきますか。

 41

A: 海に行くとき、何を着ていきますか。

B: 私はカジュアルな服を着ていきます。

A: カメラの他に何を持っていきますか。

B: そうですね。水着と帽子、それからサングラスは
必ず持っていきます。

お見舞い・持っていく / お花や飲み物

新居祝い・持っていく / 湯飲みセット

✦ Vocabulary

カジュアルだ:_____　服:_____　他に:_____

水着:_____　サングラス:_____　お見舞い:_____

新居祝い:_____　湯飲み:_____

1 ～て いく

① スーパーに寄って、果物を買っていきます。
② 場所がよく分かりません。タクシーに乗っていきましょう。
③ 暑いですね。喫茶店で一休みしていきましょうか。

2 動詞の基本形 + とき

① 本を読むとき、眼鏡を掛けます。
② 日本人はご飯を食べるとき、はしを使います。
③ 会社へ行くとき、駅まで自転車に乗ります。

3 必ず

① 明日、必ず連絡します。
② 次の時間に必ず出してください。
③ 藤井さんは必ず来ますよ。

寄る:＿＿＿＿＿＿＿＿＿＿　果物:＿＿＿＿＿＿＿＿＿＿　場所:＿＿＿＿＿＿＿＿＿＿

分かる:＿＿＿＿＿＿＿＿＿　喫茶店:＿＿＿＿＿＿＿＿＿　一休みする:＿＿＿＿＿＿＿

はし:＿＿＿＿＿＿＿＿＿＿　使う:＿＿＿＿＿＿＿＿＿＿　自転車:＿＿＿＿＿＿＿＿＿

Activity ② 何を買ってきましたか。

🎧 42

A: 北海道（ほっかいどう）の出張（しゅっちょう）はどうでしたか。

B: とてもよかったです。

A: ずっと札幌（さっぽろ）にいましたか。

B: いいえ、札幌には二日（ふつか）しかいませんでした。

火曜日までは札幌で、その後（あと）は函館（はこだて）でした。

あっ、お土産（みやげ）も買ってきましたよ。

✦ Vocabulary

北海道（ほっかいどう）:＿＿＿＿＿＿＿　　出張（しゅっちょう）:＿＿＿＿＿＿＿　　ずっと:＿＿＿＿＿＿＿　　札幌（さっぽろ）:＿＿＿＿＿＿＿

その後（あと）:＿＿＿＿＿＿＿　　函館（はこだて）:＿＿＿＿＿＿＿　　お土産（みやげ）:＿＿＿＿＿＿＿

1 ～てくる

① ここで待っていてください。すぐ切符を買ってきます。

② 隣にきれいな女性が引っ越してきました。

2 「まで」と「までに」

① 昨日は6時まで、図書館で勉強しました。(期間)

② レポートは月曜日までに出してください。(期限)

3 ～ですよ (ますよ)

① 会議は2時からですよ。

② そんなこと、私は知りませんよ。

4 ～しか…ない

① あなたが好きです。僕にはあなたしかいません。

② 私たちにできることはこのくらいしかないですね。

すぐ:_____ 　切符:_____ 　隣:_____

引っ越す:_____ 　出す:_____

Activity ③ どんな準備をしましたか。

🎧43

A: いよいよ出発ですね。

B: はい、来週の月曜日です。

A: 荷造りは終わりましたか。

B: ええ、荷造りも両替も全部しておきました。
後は、スケジュールの確認だけです。

チケットもガイドブックも買う

レンタカーとホテルの予約も入れる

🔶 Vocabulary

いよいよ:＿＿＿＿＿＿＿＿＿＿＿＿　出発:＿＿＿＿＿＿＿＿＿＿＿＿＿　荷造り:＿＿＿＿＿＿＿＿＿＿＿

終わる:＿＿＿＿＿＿＿＿＿＿＿＿　両替:＿＿＿＿＿＿＿＿＿＿＿＿＿　確認:＿＿＿＿＿＿＿＿＿＿＿

予約を入れる:＿＿＿＿＿＿＿＿＿＿

1 ～て おく

① 資料はコピーしておきました。

② この箱は外に出しておきましょうか。

③ 飲み物は、買っておきました。

2 いよいよ

① いよいよ、私の出番です。

② いよいよ、試合が始まりますね。

③ いよいよ、発表の日が来ました。

3 ～だけ

① まだ終わっていない人は僕だけですか。

② お酒の中では、ビールだけ飲みます。

③ これだけはどうしようもないですね。

Let's Try

● (　　)の中に「だけ」または「しか」を入れてください。

① 空いている日は月曜日(　　　　　　　)ありません。

② 毎日の仕事は簡単なこと(　　　　　　)です。

③ 社内マラソンに参加する人は山下さん(　　　　　　)いませんか。

資料:＿＿＿＿＿＿＿＿　コピーする:＿＿＿＿＿＿＿＿　外:＿＿＿＿＿＿＿＿

出番:＿＿＿＿＿＿＿＿　試合:＿＿＿＿＿＿＿＿　始まる:＿＿＿＿＿＿＿＿

発表:＿＿＿＿＿＿＿＿　どうしようもない:＿＿＿＿＿＿　空く:＿＿＿＿＿＿＿＿

社内:＿＿＿＿＿＿＿＿　マラソン:＿＿＿＿＿＿＿＿　参加する:＿＿＿＿＿＿＿＿

A: ①パーティーの<ruby>準備<rt>じゅんび</rt></ruby>はもう<ruby>終<rt>お</rt></ruby>わりましたか。

B: ええ、だいたい終わりました。

A: ②ビールを<ruby>冷蔵庫<rt>れいぞうこ</rt></ruby>に<ruby>入<rt>い</rt></ruby>れておきましたか。

B: はい。

A: ③<ruby>果物<rt>くだもの</rt></ruby>も<ruby>買<rt>か</rt></ruby>っておきましたか。

B: あっ、<ruby>忘<rt>わす</rt></ruby>れました! まだ時間、ありますか。

A: ええ、でも30<ruby>分<rt>ぶん</rt></ruby>ぐらいしかありませんよ。

B: じゃ、今すぐ④<ruby>近<rt>ちか</rt></ruby>くのスーパーで買ってきます。

✿ Vocabulary

だいたい:＿＿＿＿＿＿＿　<ruby>果物<rt>くだもの</rt></ruby>:＿＿＿＿＿＿＿　<ruby>忘<rt>わす</rt></ruby>れる:＿＿＿＿＿＿＿

1 入れ替えて練習してみましょう。

(1) ① 会議 　　　　　　　　　　　 ② 資料を人数分、コピーする
　　 ③ ホワイトボードも用意する 　 ④ 他の部署から借りる

(2) ① 旅行 　　　　　　　　　　　 ② パスポートを入れる
　　 ③ 船酔いの薬も入れる 　　　 ④ 近くの薬局で買う

(3) ① 歓迎会 　　　　　　　　　　 ② ゲームの内容を確認する
　　 ③ ビンゴゲームのカードも用意する 　 ④ 隣りの部屋で作る

2 家でパーティーをするとき、何をしておきますか。友達と話してみましょう。

A: 家でパーティーをするとき、何をしておきますか。

B: _____

A: _____

B: _____

⊕ Vocabulary

資料:_____ 　 人数分:_____ 　 コピー:_____ 　 ホワイトボード:_____

用意する:_____ 　 部署:_____ 　 船酔い:_____ 　 歓迎会:_____

内容:_____ 　 ビンゴゲーム:_____

Exercise • • • • • • • • • •

1 次の____に「まで」か「までに」を入れて、言ってみましょう。

① A: 集合時間は何時ですか。

B: 2時です。2時_____ここに集まってください。

② A: 最近、忙しいですか。

B: ええ、仕事が多くて、今週_____ずっと残業でした。

③ A: 昨日の夜は何をしましたか。

B: 11時半_____小説を読みました。

④ A: いつ完成しますか。

B: 金曜日_____は完成します。

⑤ A: 毎日、どのぐらい勉強しますか。

B: そうですね。9時から12時_____勉強します。

2 例のように言ってみましょう。

> **例** (新居祝い / 湯飲みセット / 観葉植物)
>
> A: 新居祝いには、普通、何を買っていきますか。
>
> B: そうですね。湯飲みセットや観葉植物などを買っていきます。

① お見舞い / お花 / 飲み物
② 結婚祝い / キッチン用品 / インテリア小物
③ 還暦祝い / 旅行券 / 健康グッズ

⊕ Vocabulary

集合:_____ 残業:_____ 小説:_____ 完成する:_____

観葉植物:_____ キッチン用品:_____ インテリア小物:_____ 還暦祝い:_____

旅行券:_____ 健康グッズ:_____

Listening

45

よく聞いて、例のように記号を書きましょう。

a.

b.

c.

d.

e.

f.

例	1	2	3	4
f				

✦ Vocabulary

同僚:_____   真っ赤だ:_____   恥ずかしい:_____

Unit
10

Lesson Plan 🎧46〜51

・自分や第三者の希望を話す

・同時進行する動作を話す

Activity **1** 欲しいものを言ってみましょう。

🎧46

a. スポーツカー

b. 恋人

c. 時間

d. 家

e. お金

f. ペット

Q1 あなたは何が一番欲しいですか。

_____

Q2 あなたの家族は何を一番欲しがっていますか。

_____

Q3 友達は今、何を欲しがっていますか。

_____

🌐 Vocabulary

恋人:_____ ペット:_____ 欲しい:_____ 欲しがる:_____

1 ～が 欲しい (1・2人称主語)

① 私は新しい携帯電話が欲しいです。

② A: 山下さんは、何が欲しいですか。

B: そうですね。今年流行りのかばんが欲しいです。

2 ～を 欲しがっている (3人称主語)

① 父は新しいゴルフセットを欲しがっています。

② 井上さんは恋人を欲しがっていました。

③ 妹は子犬を欲しがっています。

Let's Try

● 次の言葉を使って、欲しいものを言ってみましょう。

① (僕 / 真っ赤なスポーツカー)

_____

② (母 / 広い家)

_____

③ (私 / レインブーツ)

_____

④ (姉 / 恋人)

_____

携帯電話:_____   流行り:_____   ゴルフセット:_____

子犬:_____   真っ赤だ:_____   レインブーツ:_____

Activity 2 何をしたいですか。

🎧 47

Q1 宝<small>たから</small>くじで300万円<small>まんえん</small>が当<small>あた</small>りました。あなたはそのお金で何がしたいですか。

_____

株<small>かぶ</small>を買う

世界一周<small>せ かい いっしゅう</small>をする

一人暮らし<small>ひとり ぐ</small>をする

かっこいい
オートバイを買う

Q2 宝<small>たから</small>くじで300万円<small>まんえん</small>が当<small>あた</small>りました。
山下<small>やました</small>さんの家族はそのお金で何をしたがっていますか。

_____

✦ Vocabulary

宝<small>たから</small>くじ: _____ 当<small>あた</small>る: _____ 株<small>かぶ</small>: _____ 世界一周<small>せ かいいっしゅう</small>: _____

一人暮らし<small>ひとり ぐ</small>: _____ かっこいい: _____

1 ～を(が) + 動詞の「ます形」+ たい (1・2人称主語)

① のどが乾いて、水が飲みたいです。

② A: どんな映画を見ましょうか。

　　B: アクション映画を見たいですね。

2 ～を + 動詞の「ます形」+ たがっている (3人称主語)

① 妹はねこを飼いたがっています。

② A: 修学旅行に学生たちはどこへ行きたがっていますか。

　　B: みんな日本へ行きたがっています。

Let's Try

Q1 三日間の休暇を取りました。あなたは何をしたいですか。

_____

_____

Q2 友達は最近、何を買いたがっていますか。

_____

_____

Activity ③ 休暇の過ごし方について話してみましょう。

🎧 48

私は今度の夏休みに、グアムへ行きたいです。
昼間はビーチで本を読みながら、ゆっくりしたいです。
夜はバーで音楽を聞きながら、カクテルを飲みたいです。
そして、写真もたくさん撮りたいです。

✦ Vocabulary

今度:＿＿＿＿＿＿　　夏休み:＿＿＿＿＿＿　　昼間:＿＿＿＿＿＿　　ビーチ:＿＿＿＿＿＿

ゆっくりする:＿＿＿＿　　音楽:＿＿＿＿＿＿　　撮る:＿＿＿＿＿＿

● 「ます形」+ ながら

① ポップコーンを食べながら、映画を見ています。

② コーヒーを飲みながら、友達とお話をしました。

③ たばこを吸いながら、歩くのはよくありません。

Let's Try

● 「〜ながら」を使って、質問に答えてみましょう。

① (音楽を聞く / 掃除をする)

A: お姉さんは何をしていますか。

B: _____

② (鼻歌を歌う / シャワーを浴びる)

A: あれはお兄さんの声ですか。

B: はい、兄は今、_____

③ (アルバイトをする / 日本語学校に通う)

A: スミスさんは学生ですか。

B: はい、_____

ポップコーン:_____	たばこを吸う:_____	歩く:_____
〜の:_____	掃除:_____	鼻歌を歌う:_____
シャワーを浴びる:_____	声:_____	通う:_____

 **Conversation**

A: 今度の土曜日はどこに行きたいですか。

B: 私、①野球場に行きたいです。

A: ①野球場ですか。

B: ええ、②野球場に行って、③ビールを飲みながら野球を見たいです。

A: あ、いいですねえ。

B: じゃ、待ち合わせはどうしましょうか。

A: ④5時に野球場のチケット売り場の前はどうですか。

B: いいですよ。楽しみですね。

🔸 **Vocabulary**

野球場:_____   待ち合わせ:_____   楽しみ:_____

1 入れ替えて練習してみましょう。

(1) ① 遊園地 　　　　　　　　　　　② 遊園地
　　③ ポップコーンを食べる / 観覧車に乗る　④ 9時に東京駅の南口

(2) ① 美術館 　　　　　　　　　　　② 美術館
　　③ 素敵な絵を見る / ゆっくり過ごす　④ 1時に美術館の前

(3) ① ロックコンサート 　　　　　　② コンサート
　　③ ロックを聞く / ストレスを発散する　④ 4時に駅前の本屋

2 友達と週末の約束をしてみましょう。

A: 今度の土曜日はどこに行きたいですか。

B: 私、＿＿＿＿＿＿＿＿＿＿に行きたいです。

A: ＿＿＿＿＿＿＿＿＿＿ですか。

B: ええ、＿＿＿＿＿＿＿＿に行って、＿＿＿＿＿＿＿＿＿＿ながら
　　＿＿＿＿＿＿＿＿＿＿たいです。

A: あ、いいですね。

B: じゃ、待ち合わせはどうしましょうか。

A: ＿＿＿時に＿＿＿＿＿＿＿＿＿＿はどうですか。

B: いいですよ。楽しみですね。

✦ Vocabulary

遊園地:＿＿＿＿＿　観覧車:＿＿＿＿＿　南口:＿＿＿＿＿　美術館:＿＿＿＿＿
素敵だ:＿＿＿＿＿　過ごす:＿＿＿＿＿　ストレス:＿＿＿＿＿　発散する:＿＿＿＿＿

Exercise

1 例のように言ってみましょう。

例 (お父さん / 新しいゴルフセット)

A: お父さんは今、何を一番欲しがっていますか。

B: 父は新しいゴルフセットを欲しがっています。

① 弟さん / かわいい彼女
② お姉さん / 軽自動車
③ お母さん / ノートパソコン
④ おじいさん / 孫

2 例のように言ってみましょう。

例 (友達を家に呼ぶ / パーティーをする)

A: 今度の休みに何をしたいですか。

B: 友達を家に呼んで、パーティーをしたいです。

① テーマパークに行く / 思いっきり遊ぶ
② デパートに行く / 友達の誕生日プレゼントを買う
③ 高校時代の先生に連絡する / 会いに行く
④ 車に乗る / 一日中ドライブする

● **Vocabulary**

かわいい:＿＿＿＿＿＿＿＿＿＿　軽自動車:＿＿＿＿＿＿＿＿＿＿　孫:＿＿＿＿＿＿＿＿＿＿

思いっきり:＿＿＿＿＿＿＿＿＿　～時代:＿＿＿＿＿＿＿＿＿＿　一日中:＿＿＿＿＿＿＿＿＿

1 よく聞いて、例のように記号_{きごう}を書きましょう。

a. 　　b. 　　c.

d. 　　e. 　　f.

例	1	2	3	4
b				

2 よく聞いて、正_{ただ}しい文_{ぶん}には○、間違_{まちが}っている文には×を書きましょう。

1) この人はビルを買いたがっています。（　　）

2) この人はかっこいいオートバイを買って、ヨーロッパ旅行をしたがっています。（　　）

3) この人の奥_{おく}さんはアメリカ横断_{おうだん}旅行をしたがっています。（　　）

4) この人は結婚_{けっこん}したがっています。（　　）

⊕ **Vocabulary**

アイロンをかける:＿＿＿＿＿　　まず:＿＿＿＿＿＿＿＿　　増_ふやす:＿＿＿＿＿＿＿

笑_{わら}う:＿＿＿＿＿＿＿＿　　横断_{おうだん}:＿＿＿＿＿＿＿＿　　回_{まわ}る:＿＿＿＿＿＿＿

株_{かぶ}:＿＿＿＿＿＿＿＿　　奥_{おく}さん:＿＿＿＿＿＿＿＿

日本のラーメン

日本のラーメンはいろいろな種類があります。しょうゆ味、塩味、みそ味、とんこつ味などです。日本のラーメン屋のラーメンはインスタントではありません。おいしいラーメン屋には、人がたくさん並んでいます。横浜にはラーメンの博物館もあります。あなたはどんなラーメンを食べたいですか。

1 ラーメンの博物館はどこにありますか。

_____

2 日本のラーメン屋のラーメンはインスタントですか。

_____

3 どんな種類のラーメンがありますか。

_____

4 あなたはどんなラーメンを食べたいですか。

_____

⊕Vocabulary

いろいろだ:_____   種類:_____   しょうゆ味:_____

塩味:_____   みそ味:_____   とんこつ味:_____

ラーメン屋:_____   インスタント:_____   博物館:_____

ラーメンの種類

1 しょうゆラーメン

しょうゆで味つけた一般的なラーメン。あっさりした味が特徴です。

2 みそラーメン

みそで味つけたラーメン。札幌ではじめて作られたラーメンです。

3 塩ラーメン

塩で味つけたラーメン。しょうゆやみそが苦手な人に人気があります。

4 とんこつラーメン

とんこつを煮込んだスープをベースとしたラーメン。福岡の博多ラーメンなど、主に九州地方が有名です。

 Grammar Review

I. 動詞の「ます形」

基本形	ます形	基本形	ます形
1グループ：〜u段 ➡ 〜i段 ＋ ます			
会う	会います	行く	行きます
飲む	飲みます	ある	あります
*帰る	帰ります	*走る	走ります
2グループ：〜る ➡ 語幹 ＋ ます			
いる	います	見る	見ます
食べる	食べます	寝る	寝ます
3グループ			
来る	来ます	持ってくる	持ってきます
する	します	勉強する	勉強します

1 ます形 + たい (たがっている)

① 私は一日も早く就職したいです。
② 林さんは今年中に結婚したがっています。

2 ます形 + ながら

① 最近、食べながら歩く若い女の子が増えましたね。
② あの子はいつも音楽を聞きながら勉強しています。

✿ Vocabulary

一日も早く：_____　就職する：_____　今年中に：_____　若い：_____

Ⅱ. 動詞の「て形」

基本形	て形	基本形	て形
1グループ			
泣く	泣いて	*行く	行って
泳ぐ	泳いで	言う	言って
待つ	待って	乗る	乗って
死ぬ	死んで	遊ぶ	遊んで
飲む	飲んで	話す	話して
2グループ			
起きる	起きて	見る	見て
食べる	食べて	寝る	寝て
3グループ			
来る	来て	買ってくる	買ってきて
する	して	連絡する	連絡して

1 ～て ください (くださいませんか)

① すみませんが、もう少しだけ待ってください。

② 暑いですね。窓を開けてくださいませんか。

2 ～て いる

① 息子は今、家で留守番しています。

② 毎日ちゃんと練習していますか。

3 ～て おく

① 昨日までに全部準備しておきました。

② プレゼントは買っておきましたか。

4 ～て 行く (来る)

① 私は何を作って行きましょうか。

② レポートは来週の水曜に持ってきます。

留守番する:＿＿＿＿＿＿＿＿＿＿　　ちゃんと:＿＿＿＿＿＿＿＿＿＿

付録

解答&リスニングスクリプト

付録 ●─────────────────────────────────

Unit 1   P23

<スクリプト>

> A: おばあさんはおいくつですか。
> B: 祖母は今年、79歳です。

1) A: 山口さんの家の近くは便利ですか。
   B: はい、駅もコンビニも近くて便利ですよ。
      長崎さんのところは?
   A: 私の家の近くは何もなくて不便です。

2) A: 日本の生活はどうですか。
   B: とても楽しいです。
   A: 日本語はどうですか。
   B: とてもかんたんで、おもしろいです。

3) A: ご両親はどんな方ですか。
   B: 父は、明るくてやさしいです。
   A: お母さんは?
   B: 母はちょっと口数が多いですが、おもしろい人です。

4) A: あ、あの人、どこの国の人ですか。
   B: え? どの人ですか。
   A: あの背が高くてきれいな人です。
   B: ああ、あの人は中国の留学生で、専攻は英語教育です。

<正解>

1) a 2) b 3) c 4) a

Unit 2   P35

<スクリプト>

1.

> A: 週末は何をしますか。
> B: 友達と一緒に映画を見ます。

1) A: お昼ご飯はどこで食べますか。
   B: 学校の食堂で食べます。
   A: おいしいですか。
   B: いいえ、あまりおいしくありません。

2) A: 今度の連休は何をしますか。
   B: 家族と一緒に旅行をします。
   A: どこへ行きますか。
   B: ハワイへ行きます。

2. <伊藤さんの一日>
7時に起きます。
8時半に学校へ行きます。
9時から4時まで学校で勉強します。
そして、5時から9時までファミリーレストランでアルバイトをします。
10時に家へ帰ります。
11時から12時までテレビを見ます。
そして、1時に寝ます。

<正解>

1. 1) c 2) b
2. 1) ○ 2) × 3) ○ 4) ○ 5) ×

Unit 3   P47

<スクリプト>

> A: 今、何をしに行きますか。
> B: 図書館へ本を借りに行きます。

1) A: 今日の夜、一緒に食事でもどうですか。
   B: あ、すみません。友達と野球を見に行くので、今日はちょっと……。

2) A: 今週の土曜日、時間ありますか。
   B: ええ、特に予定はありませんが。
   A: じゃ、一緒にドライブに行きませんか。
   B: いいですね。行きましょう。

3) A：仕事のあと、いつもどこへ行きますか。
B：丸の内へ日本語を習いに行きます。

4) A：今、どこへ行きますか。
B：渋谷へ行きます。
A：あ、デートですか。
B：いいえ、アルバイトしに行きます。

5) A：今日の夜、予定ありますか。
B：いいえ、特にありませんが。
A：じゃ、久しぶりに飲みに行きませんか。
B：いいですね。

<正解>

1) c　2) f　3) d　4) e　5) a

Unit 4　P59

<スクリプト>

例
A：加藤さんは牛肉が好きですか。
B：ええ、大好きです。
A：じゃ、豚肉はどうですか。
B：豚肉はあまり好きじゃありません。

1) A：李さんは甘いものが好きですか。
B：ええ、特にケーキが大好きです。
A：じゃ、アイスクリームもよく食べますか。
B：アイスクリームは食べません。嫌いです。

2) A：藤井さんは犬が苦手ですか。
B：ええ、苦手です。こわいです。
A：じゃ、ねこはどうですか。
B：ねこも苦手です。ねこの目がこわいです。

3) A：どこでバスを降りますか。
B：ソウル駅で降ります。
　　そして、地下鉄に乗り換えます。
A：地下鉄は何号線に乗りますか。
B：4号線に乗ります。

4) A：わあ、ひとみさんはピアノが上手ですね。
B：ありがとうございます。
A：バイオリンも得意ですか。
B：いいえ、バイオリンは下手です。

<正解>

1) a　2) b　3) c　4) c

Unit 5　P71

<スクリプト>

例
A：木村さんの奥さんはどんな人ですか。
B：そうですね。新婚の頃はとてもやさしかったです。
A：そうですか。
　　今はやさしくありませんか。
B：ええ、あまりやさしくありませんね。

1) A：このあたりは夜も賑やかですね。
B：ええ、12時過ぎでも人が多いですよ。
A：昔はどうでしたか。
B：7、8年前はとても静かでした。

2) A：この建物は昔からここにありましたか。
B：いいえ、昔、ここは空き地でした。
A：それは何年前ですか。
B：そうですね……15年ぐらい前です。

3) A：恵さんとは今もよく連絡しますか。
B：いいえ、今は全然。
A：前は仲がよかったですよね?
B：ええ、でも最近は忙しくて……。

4) A：今年の東京は4月でもまだ寒いですね。
B：ええ、ほんとに。
A：去年の4月はどうでしたか。
B：去年の4月は寒くなかったですよ。

付録

<正解>

1) b 2) b 3) a 4) a

Unit 6 P83

<スクリプト>

> A: 午前中、何をしましたか。
> B: 家の掃除をしてから、スーパーで買い物をしました。

1) A: 昨日は何をしましたか。
　 B: 友達を誘って、野球を見に行きました。

2) A: これからすぐ集まりに行きますか。
　 B: いいえ、一度会社に戻ってから行きます。

3) A: 昨日は何をしましたか。
　 B: 有名なラーメン屋の前に1時間並んで、おいしいラーメンを食べました。

4) A: 週末は何をしましたか。
　 B: クッキーを焼いて、友達の家に持って行きました。

5) A: 進路、決めましたか。
　 B: まだです。親と相談してから決めます。

<正解>

1) a–2, b–1　2) a–1, b–2　3) a–2, b–1
4) a–2, b–1　5) a–1, b–2

Unit 7 P95

<スクリプト>

> A: すみません。公園はどこですか。
> B: ええと、公園は……次の交差点を左に曲がってください。
> A: 交差点を左ですね。
> B: はい、それからずっとまっすぐ行ってください。公園は突き当たりにあります。

1) A: すみません、銀行はどこですか。
　 B: 銀行ですか。この道をまっすぐ行って、二つ目の角を右に曲がってください。
　 A: 二つ目を右ですか。
　 B: ええ、それからもう少し行きます。銀行は左側にあります。

2) A: すみません。三つ葉ホテルはどこですか。
　 B: 三つ葉ホテルは……まずこの道をまっすぐ行って、二つ目の交差点を左に曲がってください。
　 A: はい、二つ目を左ですね。
　 B: それからずっとまっすぐ行きます。ホテルは突き当たりにあります。

3) A: すみません。薬局はどこですか。
　 B: ここをまっすぐ行って、二つ目の角を左に曲がってください。
　 A: 二つ目を左ですね。
　 B: はい、それから次の交差点を渡ってください。薬局は左側の角にあります。

4) A: すみません。コンビニはどこですか。
　 B: コンビニですか。次の角を右に曲がって、まっすぐ行ってください。右側にありますよ。
　 A: あ、どうもありがとうございます。

<正解>

1) D　2) F　3) A　4) E

Unit 8

<スクリプト>

A: 赤いドレスを着ている人は誰ですか。
B: あ、あの人は山本さんです。

1) A: あの眼鏡をかけている人は誰ですか。
B: 歌っている人ですか。
A: いいえ、そこでワインを飲んでいる人です。
B: ああ、あの人は小林さんです。

2) A: 今、ステージで歌っている人は誰ですか。
B: 眼鏡をかけている人ですか。
A: はい。
B: あの人は大橋さんです。

3) A: テーブルの近くでケーキを食べている人は誰ですか。
B: ええと、あの人は……今泉さんです。

4) A: 写真を撮っている人は誰ですか。
B: 帽子をかぶっている人ですか。
A: ええ。
B: 井上さんです。

5) A: 小さい女の子と一緒に椅子に座っている男の人は誰ですか。
B: あの人は小田さんです。

<正解>

1) d　2) a　3) f　4) b　5) c

Unit 9

<スクリプト>

A: ハワイ旅行はどうでしたか。
B: とても楽しかったですよ。
A: ハワイで何をしてきましたか。
B: 写真をたくさん撮ってきました。

1) A: 今日は遅かったですね。
B: ええ、仕事の後で同僚と一杯飲んできました。
A: 顔が真っ赤ですよ。
B: え、本当ですか。恥ずかしい。

2) A: 掃除はだいたい終わりましたか。
B: はい。
A: あ、このごみは外に出しておきましょうか。
B: ええ、お願いします。

3) A: 日曜日はドームへ行ってきました。
B: 野球を見に行ってきましたか。
A: いえ、ロック歌手のコンサートを見てきました。
B: ああ、井上さん、ロックが好きでしたよね。

4) A: わあ、人がたくさん並んでいますね。
B: ほんとですね。
A: どうしましょうか。
B: 山森さんはここで待っていてください。私が並んで切符を買ってきます。

<正解>

1) d　2) a　3) e　4) c

付録

Unit 10 P131

1.
<スクリプト>

A: すみません、ひろしさんはどの人ですか。
B: ええと、ひろしさんは、コーヒーを飲みながら新聞を読んでいる人です。

1) A: すみません、ともこさんはどの人ですか。
   B: 時計を見ながら恋人を待っている人ですよ。

2) A: あの、みちこさんはどの人でしょうか。
   B: みちこさんは、ラジオを聞きながらアイロンをかけている人です。

3) A: まことさんはどの人ですか。
   B: あそこでテレビを見ながら笑っている人ですよ。

4) A: すみません、やすおさんはどの人ですか。
   B: あ、やすおさんは、あそこでビールを飲みながら食事をしている人です。

<正解>
1) d 2) f 3) a 4) e

2.
<スクリプト>
宝くじで1億円当たりました。その時は、私はそのお金でまず、ビルを買いたいです。それからかっこいいオートバイを買って、そのオートバイでアメリカ横断旅行をしたいです。そして株も買いたいですね。株でお金を増やして、次はヨーロッパ旅行をしたいです。ヨーロッパの有名な美術館を回りながら、おいしいものもたくさん食べたいです。でも……今は奥さんが一番欲しいです。

<正解>
1) ○ 2) × 3) × 4) ○

지은이 소개

● **元美鈴 (Won Mi Ryong)**

[学歴]
- 韓国外国語大学 日文日語課 博士課程 在学中
- 韓国外国語大学 教育大学院 日本語教育 修士
- 韓国外国語大学 日本語課 卒業

[職歴]
- (現) EBS教育放送ラジオ「中級日本語」進行及び教材執筆
- (現) 梨花女子大学校 言語教育院 講師
- (前) CHA医科大学(CHA University) 講師

[著書]
『달달 외우는 일본어 단어장』
『J-pop도 듣고 일본어도 배우고』
『일본어 첫걸음 모질게 끝내기』
『3重チェック日本語単語帳』
『日本語会話表現辞典』
『すらすら日本語』(入門・初・中・高級)
『ワクワク21シリーズ』(初・中・高級)
『일본어를 잡아라』(日本語入門書)

● **小出亜弥 (Koide Aya)**

[学歴]
- 東義大学校 一般大学院 日語日文学科 博士課程単位取得
- 慶尚大学校 教育大学院 日語教育学科 卒業
- 日本 南山大学 外国語学部 日本語学科 卒業

[職歴]
- (前) 東釜山大学 専任講師
- (前) 梨花女子大学校 言語教育院 講師
- (前) 東明大学校 専任講師